ハーバード流「聞く」技術

パトリック・ハーラン

角川新書

はじめに

皆さーん、聞いてますか？

突然すみません。パックンマックンのパックンことパトリック・ハーランです。

フォントを大にして問いかけましたが、皆さんは人の話をきちんと聞くことができていますか？

「なにを失敬な！」と思う方もいるかもしれません。それぐらいの大声で、聞いているかどうかを強めに確認されたことはありませんか？　僕にはこんな苦い思い出があります。

その日は仕事から帰り、子どもを寝かしつけたあと、大好きなアメフトの試合を見ながら妻と話していました。すると、突然、「ねえ、私の話聞いてる？」と強めに確認されました。
そこで活かしたのは、僕の特技でもある「10秒巻き戻し機能」。いざというときには、相手が最後にしゃべったことだけ、頭の中で巻き戻し再生できるんです。
パ「聞いてるよ！（10秒巻き戻して） 野菜の値段が高くて困るって話でしょ」
妻「はい。たしかにネギが高いと言いました。でも、なんでその話になったんですか？」
やはり、妻も、僕の巻き戻し機能のことをよくわかっているんです。10秒以上前になると、当てずっぽうになります。
パ「えっ……久しぶりに鍋が食べたいから……？」
妻「ハワイの話でしょうが」
パ「……そうそう、名物ハワイアン……鍋って……ごめんなさい！」
スポーツ観戦しながら話すのは難しいです。どうしても試合展開に気をとられてしまうから。しかも、ちょうど悪いタイミングでゴールが入ったりするしね。他にもこんな会話をしたことがありました。

妻「水槽のフィルターが壊れて、魚たちが一気に死んじゃったよぉ」

パ「(試合を見てて)よっっっしゃ!!」

妻「聞いてないね?」

パ「聞いてるよ!(10秒巻き戻して)……あっ」

さすがにこの時は妻に呆れられました。でも、「聞いていますか?」や「聞いてないね?」で相手が確認してくる間はまだいいんです。「あの人は聞かない」と切り捨てられたら関係自体が壊れかねません。

本書ではこれから様々な「聞く技術」を紹介していきますが、まず大切にしてほしいのはこうした日常的な会話。聞くことを疎《おろそ》かにしていては、身近な人から見限られてしまう可能性があります。

聞き方一つで好かれ、嫌われる

僕はこれまで「〝話す〟スキルは生まれつきでなく、トレーニングして身につけるもの」だと訴えてきました。この本と同じく角川新書から出した『ツカむ！話術』という本では、話すスキルの磨き方について詳しく述べました。

そして「聞く」のも実は、同じように訓練が必要です。

「ただ聞くだけなのに訓練なんている？」と思うかもしれません。でも、注意散漫な僕のように、聞いているようで「聞いていない」人も、言葉を聞いているのに、意味を受信できていない、「聞こえていない」人もたくさんいるんです。コツを覚え、少し練習すれば治ります。聞いていないこと、聞こえていないことがあると、本当にもったいないです。

先ほどのハワイの会話の続きを明かしましょう。

妻「今度の連休はハワイに行きたいけど、ハイシーズンだから旅行代金高いよねえ。いろいろ節約したいけど、まだネギも高いって話だったのよ」

パ「そっか。ごめんね。でも、ハワイ、たしかにいいねえ。お金も何とかなるかも。角川新書の印税は5~6000円入る予定だし！　しかし、なんでハワイなの？」
妻「お、今回は大金だね！　実はこの頃、（長男の）ライ君が『ハワイ行きたい』とか、『サーフィンしたい』って言ってて」
パ「へえ。なんでライ君が突然サーフィンに興味を持った？」
妻「友達がハワイでサーフィンをやっているみたいなの。サーフィンの動画とかもいっぱい見ている」
パ「じゃ、ネット・サーフィンも好きだね。はははは！」
妻「……お休みなさい」

大丈夫。すべって損した分以上、ちゃんと聞いて、妻の気持ちと息子の近況が知れて得したと思っています。

話し上手が大事なのはもちろんです（みんなそう思っているから先に話術の本を書きました！）。でも、実はそれ以上に大切なのが聞き上手。聞き方によって得られる情報に差が出るだけでなく、自分の評価まで変わってしまうんです。しかも、話術を重視しても、聞く力がないと本当の話上手にはなれません。

「聞くは一生の糧、聞かぬは一生の損」

先ほどの「聞いていない」や「聞こえていない」のほかに、さらに質問という意味の「聞く」でも、「聞けていない」人は多いように思います。

「こんなことを聞いたら頭の悪いやつだと思われてしまう」「いまさら聞けていなかったなんて言えない」と、わからないことをわからないままにしてしまうこと、ありませんか？

では「いまさら聞けていなかった」の「いまさら」はいつから始まったのでしょう？ もしかすると数十分前の話でなく、数十年前の、人生の割と早い段階から「聞けない」環境に置かれていたのではないでしょうか。

たとえば子どもたちはみんな「勉強しなさい」と何十回、何百回と言われます。しかし、残念ながら「なんで勉強しなくちゃいけないの？」という問いを大歓迎するような雰囲気をかもし出している大人や先生はきわめて少数派。質問したとしても、大人は「試験でしょ」とか「宿題が終わるまで遊びに行っちゃいけません」などと答える場合がほとんどで、勉強する意味を本質的に説明せずに、だいたい、「いいからやりなさい」と権威的な命令ですませてしまいます。子どももいつしか聞くことをやめてしまうでしょう。

社会人の間でも一緒。たとえば上司が新入社員の自分に電話番を命じたときに「なんで？」は受け付けませんよね？

勉強に関しては、たとえば「脳は筋肉みたいなもの。鍛えると強くなる。君の好きな野球も、練習してうまくなるじゃない？　お勉強もそう。宿題は脳の練習。たくさん練習した野球選手が、強い高校やプロ球団に入り、筋肉で稼げるようになるのと同じように、しっかり宿題をやった人が希望する学校に進学して、ひいては脳で稼げるようになる」というように答えるのは……ごはんを作っている最中には、面倒くさいですよね。魚を焦がしてしまうかもしれません。でも、一回納得できたら、子どもが自ら机に向かうようになるはずです（しばらくは）。

同様に電話番についても、「取引先と担当者の組み合わせを覚え、社内ネットワークがどのように機能しているかを学ぶためなんだよ」と伝えれば、新入社員に電話番の意義を腹落ちさせることができるでしょう。その社員は一つひとつに意味があるんだと思って、これまで言われるがまま作っていた営業用の資料を、自分なりにちょっと工夫してみようと思うかもしれません。

質問できる環境を作るのは、本来、親、先生、上司の仕事です。でも、ちょっと聞きづらい環境だとしても、質問をする勇気とうまく聞く技術を身につけてほしいと思います。「聞くは一時の恥、聞かぬは一生の恥」ということわざがあります。でも僕は「聞くは一生の糧、聞かぬは一生の損」だと思っています。知らないこと、わからないことを聞くのは恥ずかしいことでもなんでもなく、それどころか豊かな人生を送るために欠かせないものなんです。

相手のためにも聞くべきです。僕の敬愛するジャーナリストの池上彰《いけがみあきら》さんはよく「いい質問ですね」と言います。物事の本質を突くような問い、これまでと違った視点からの問いは、質問された池上さんにとっても学びになります。そしてもちろん質問者は新たな知識を得ることができるので、互いに成長することができるんです。まさにウィン・ウィン！

そして質問を通して、相手が本当に言いたいこと、本当の希望を確認することもできます。たとえば、妻との連休の話は、質問することでハワイに行きたいのが息子であることがわかりました。質問しなかったら、それが奥さんだと思い込み、もしかしたら奥さんの誕生日プレゼントとしてハワイ旅行を贈ったかもしれません。ましてや、最初の話半分のままだったら、ネギをプレゼントしてしまった可能性もある。危なっ！

人の希望や価値観、つまり人そのものを知るには（集中して）聞くことも（質問して）聞くことも欠かせません。

相手に聞くと、自分のことも見えてくる

しかも、聞くことによって知ることができるのは相手だけではありません。海外に行って初めて日本の「独特」を知るのと同じように、他人の考え方や概念に触れることで、自分自身のそれらに初めて気づけます。相手を理解しようとすると、自分に対する理解も深まっていくんです。

たとえば、妻の話を聞いて、「家計を気にしながら息子を喜ばせたい」母だと再確認できました。同時に、予算を心配する妻に対して、「角川新書の印税は5～6000円入る

予定だし！」と、だいぶ話を盛った僕は、「家族を海外旅行に連れて行けるくらい稼げる父でいたい」自分に気づかされました。「パトリック・ハーランは、こと家計においてはプライドが高いのかもしれない」と、第三者のように自分を分析していました。

相手の話を聞きつつ、同時に自分がどんな人間か問いかけることができると、自分自身の思考の癖や弱点が見えてきます。すると、「僕は天邪鬼《あまのじゃく》な性格だから相手と反対のことを言おうとしているだけだな」とか、「数字に弱いからデータの話をスルーしようとしてしまった」など、自分のバイアスや改善点もわかってさらに受信力を高められるんです。

うーん、「聞く」って奥が深い！

四つの〝きく〟で聞き上手になる

ただ漫然と聞いているだけでは、相手が言わんとする真意を汲《く》み取ることはできません。

特に日本人は言っていることと言おうとしていることが一致しないことがたくさんあるから要注意。「時間を気にせずゆっくりしていってください（＝早く帰ってください）」とか、「今度飲みに行きましょう（＝さよなら）」「前向きに検討します（＝無理だね）」など、本音と違うことを口にすることがしばしばあって、どれも落とし穴になります。来日したばかりの頃、バカ正直にすべて真に受けてしまった僕は、相手から変な顔をされることがしょっちゅうありました。

そこでこの本では、そんな本音を見出す「建前対策」も含めて「聞く→聴く→訊《き》く→効く」という四ステップで、最高の〝聞き手〟になる方法をお伝えしながら、対話の極意について語っていきたいと思います。

実はもうここまでの中でも四つの〝きく〟を使っていたんですが、それはこの後じっくりと説明していきます。

ちなみに質問という意味の「question（クエスチョン）」には、探求・追求といった意味の他に「冒険」を意味する「quest（クエスト）」が入っています。つまり、聞くことは未知の道を切り開く作業に他なりません。漢字でも、「問う」ことは口で門を開くことですね。

〝きいて〟開ける新しい世界へ、いざ一緒に冒険と参りましょう！

目次

第4章　だまされないための「訊く」技術——quest

自分が選んだ選択と思えれば可能性は広がる
子どもたちから教えてもらった僕の〝上昇志向〟バイアス
提案の「How about」、会議で重宝されるぶっ飛んだ「Why not」
〝「死ぬ」よりはまし〟思考法
知らぬ間に売り込まれている「感情的投資」
さあ、ふさがっている耳を開けよう

おわりに　207

第1章

会話は
聞くことから
始まる

コミュニケーションの真髄は聞き方にあり

僕は昔からプレゼンもディスカッションも大好き。知らない人としゃべるのも楽しくてしかたありません。

ハーバード大学ではコミュニケーションについてより理論的なことを学び、日本に来てからは己の話術で人を笑わせたくて芸人になりました。

さらに今、東京工業大学で自称「コミュ障」の学生たちにコミュニケーションについて教えている僕は、お笑いモンスターならぬ〝コミュニケーション怪獣〟……に見えるかもしれません（大げさな表現は特に得意です！）。

そんなコミュニケーション無双の僕ですが、実はここだけの話、「聞く」ことに関してはまだまだ課題が山積みで……。

「その話、何回も説明したけど⁉」

「また聞いてなかったの⁉」

妻から、マネージャーから、そしてマックンからこんな言葉をかけられ続けてウン十年。聞いてる〝つもり〟ばかりです。

自覚しています。これじゃダメなんです。なぜなら会話もディスカッションもディベートも、コミュニケーションのほとんどは「話す」と「聞く」で成り立っていて、その上で後者のほうが大事だからです。

アメリカには70／30ルールと呼ばれるものがあります。これは相手に7割しゃべらせて、自分の発言を会話の3割に控えるという、営業の世界で有名なコミュニケーションの目安。人は、会話の7割ぐらいしゃべってようやく相手と対等に話した気になるといいます。つまり、相手にとって心地《ここち》好《よ》い会話を心がけるときには、最低でも半分以上、自分は聞き役に回る必要があるということです。まして3人以上のコミュニケーションでは、聞いている場面の方が圧倒的に長くなります。

にもかかわらず、コミュニケーション力を上げようとすると、いつも話す方が注目されるし、普段から相手の話をスルーしてしまう聞き手は少なくありません。しかも、スルーした当の本人は聞いてないい自覚すらないので、指摘されると「それ、絶対教えてもらってない！」と気色ばんだりすることさえあります。こんな具合ではその場の空気を悪くするだけでなく、相手との関係性も危うくします。

だからここでフォントを大にして言います。

コミュニケーションの基本は、「聞く」ことです‼

「『ツカむ！話術』でさんざん〝話し方〟について語ってたくせに！」と思わないでください。もちろん、なにをどう話すかという話術は対話に欠かせません。

その一方で、本書でお伝えしたいのは、コミュニケーションに自信がない人ほど、「話す」より「聞く」ことから見直してほしいということ。

なぜなら極論、相手の話を聞くだけで対話は成り立つからです。

それが証拠に冒頭での妻との会話で、僕はほとんど聞いていただけでしたが、二種類の「聞き方」をしていました。リプレイして解説してみましょう。

妻「今度の連休はハワイに行きたいけど、ハイシーズンだから旅行代金高いよねえ。いろいろ節約したいけど、まだネギも高いって話だったのよ」
パ「そっか。ごめんね。でも、ハワイ、たしかにいいねえ」

はい、ストップ。これが一つ目。おそらく日本人がもっともよく使っている聞き方の一つです。相手の言葉を受けて軽く肯定する聞き方ですね。これを本書の中では「傾聴」などの「聴く」という漢字で表したいと思いますが、相手の言葉を受け取り、なおかつその思いに共感しながら「聴く」方法です。相手の気持ち、主張を理解すること。すなわち、相手のことをよく知るための「聴く」ですね。

会話のその続きをみましょう。

パ「しかし、なんでハワイなの？」
妻「実はこの頃、（長男の）ライ君が『ハワイ行きたい』とか、『サーフィンしたい』って言ってて」

パ「へえ。なんでライ君が突然サーフィンに興味を持った？」

はい、ストップ。この「なんでハワイ？」や、「なんで突然サーフィンに興味を持った？」が二つ目の例。

これは質問として尋ねる「訊《き》く」。「はじめに」で紹介した「聞かぬは一生の損」はこちらの意味の「訊く」です。

相手が話したいことをピンポイントで突く「いい質問」ができれば、「この人はなんて私のことを理解してくれるんだろう」と相手は感激し、自分の評価が上がります。そこまでいかなくても、普通に情報を確かめるためにも不可欠なスキルで、たとえば僕の「なんで？」のあと、妻はノリノリで息子の近況を教えてくれましたから、もしかすると彼女の話は連休の過ごし方より、むしろこちらに主眼を置いていたのかもしれません。

どちらも話を聞いていることに違いはありませんが、最初の「きく」は相手の気持ちに寄り添って「聴」き、次の「きく」は相手が話したい核心の部分を探る、質問というかたちで「訊」いていたんです。

話をすることに自信がない、何を話せばいいかわからない……そんな自称「コミュ障」

さんであっても、こんな風にいろんな「きき方」を身につければ、自然とコミュニケーションができるようになります。

聞き上手になると、好印象を持ってもらえるだけではありません。まだ関係性が浅くて相手の見極めが必要な場面で、なるべく自分のことを話さずに相手の情報を聞き出す、といったこともできるようになります。交渉事を進める上でも役立つワザになるはずです。

「どうせ」「だって」があなたを後退させる

なんて偉そうに解説している僕ですが、あまりに聞き逃しが多いことに気づき、最近「耳トレ」を始めました。耳トレーニング、つまり聴力を鍛える訓練です。

ミュージシャン兼〝音〟のコンサルタントとして活躍している専門家、ジュリアン・トレジャーという人が教えているものなんですけど、その彼によると、耳から入ってきた情報で実際に頭の中に残るのは、そのうちの25％だけだといいます。

少ないなと思いますか？　でもよく思い出してみてください。

同僚と居酒屋で熱く社内改革について語り明かした翌日、ほとんど内容を覚えてなかったこと、ありませんか？　友人と一緒に盛り上がって大笑いした数日後、なんであんなに笑ったのかはっきり思い出せなかったこと、ないですか？　僕はマックンと漫才の打ち合わせをした後、不思議なことに、おもしろいネタだけが思い出せません。本当にあったかな……。

相手の声を含め、僕たちが生きる世界はたくさんの〝音〟に溢《あふ》れています。

カフェに入ればオーダーを通す店員さんの声、コーヒーカップを置く音、お客さんがパスタをすする音、ライターをつける音、トイレのドアが閉まる音、外から聞こえるパトカーのサイレンなどなど、切れ目なく、常にどこかで音がしています。

そんな環境の下、我々は無意識に〝聞くべき音〟を取捨選択しています。

たとえばカフェでヒップホップが流れていたとして、それが自分にとって不要な音だと思えば〝雑音〟として処理し、ＢＧＭだけをシャットアウトすることが可能です。

しかしながら、この能力が時に、相手の声までも雑音とみなすことがあります。

たとえばそれは、ゲームに夢中になっているときに母親から放たれる「宿題しなさい！」

たとえばそれは、月曜日の朝礼で聞く上司の小話。

たとえばそれは、仕事で疲れ切ったときに夫が語りだす釣り自慢。

たとえばそれは、深夜のファミレスでの、相方からの新ネタ提案。


こう見ると、雑音扱いしがちな声には共通点がありますね。

お母さんの小言は耳が痛い話で、なるべくなら聞きたくない。上司の小話や夫の釣り自慢もいつも似たり寄ったりの内容でつまらない——。

そう決めつけていませんか。聞いているようでいて聞いていない、我々が〝聞いたつもりになっちゃうパターン〟の代表格がまさにこれです。

この〝つもりパターン〟を発動させているのが、脳内ツッコミ「どうせ○○っしょ」。

「どうせ母ちゃんのいつもの小言」「課長の話なんて、どうせ最近読んだ啓発本のパクリ」「どうせ○○ちゃんママの自慢話」と、脳内で「どうせ」と思ってしまった途端、相手の声はまたたく間に雑音と化してしまうんです。「どうせブルース・ウィリスはゆうれいでしょ？」と、映画『シックス・センス』を観てすぐトリックがわかった人が後半、一生懸命観なくなるのと一緒。未見で知らなかった人、ネタばれしちゃってゴメンね。

さらに「どうせ」と並んで相手の声を雑音化してしまうフレーズが、「だって」。

「だってお兄ちゃんがずっとゲームやってたじゃん」
「だって、俺も忙しいもん」
「そういうあなただって同じじゃない」

こんな感じで、「だって」は相手への反論や言い訳として出てきます。

たとえば体重100キロを超えている人に、「ちょっと痩《や》せたほうがいいんじゃない？ 俺、いいダイエット法知ってるよ」と言われたらどう思うでしょう？ 「お前だって太ってるじゃん！」と言い返したくなり、話を聞こうとも思わないかもしれません。

でも、もしその人が200キロから100キロの減量に成功した人だったらどうですか？ そうじゃなくても、いい情報は知っているかもしれないし、素直にダイエット法を聞かないのは損じゃないですか？

聞く姿勢に必要なのは、相手の印象や経歴、自分の好き嫌いや気分で「どうせ」と話の内容を決めつけないこと。「だって」という反論の気持ちを堪《こら》えて、話の〝中身〟に耳を傾けることです。

本書ではそんな「どうせ」「だって」のバイアスを外すことを、「聞く」における第一歩としたいと思います。

「聞く」＝自分の中のバイアスに気づくこと

僕は子どもを持った途端に、自分の住む街に案外たくさんの赤ちゃんや子どもがいることに気が付きました。

でも当たり前ですが、ベビーカーを押しているお母さんも、子どもを乗せてチャリンコを爆走させているお父さんも、その時にわらわらと出てきたわけではありません。ただこれまで自分の視界にその人たちが入ってこなかっただけだったんです。

この現象とまったく同じことが「聞く」にも言えて、「自分と関係ない」と判断していると、その音をすべてシャットアウトし、無視してしまう。そして無視していることにすら気が付かないまま、生活してしまっています。

しかしそれも、今日で終わりです。

ここまでの文章を読んできたあなたは、すでに無視している音やシャットアウトしてきた声がたくさんあることに気がついたはずです。

その気づきこそ、あなた自身にあった思い込みや思考のクセ、すなわち〝バイアス〟を一つ外すことに他なりません。

面倒な話だと思って、先輩の小言をスルーしていませんか？　でもよくよく聞いてみたら、それはあなたを評価しているがゆえの叱咤《しった》激励かもしれません。

オチがないと思って聞いてなかったパートナーの話も、よくよく尋ねたらあなたに対するＳＯＳだったのかもしれません。

勝手な決めつけや思い込み、思考のクセといったバイアスを外し、自分自身をフラットな状態にする。そこではじめて「聞く」姿勢が整います。


では、バイアスを外すにはどうすればいいのか。なぜ特定の音を排除してしまうのかというメンタル的な話はいったん脇に置いておいて、まずは身体的な聞くトレーニングから行きましょう。「聞く」姿勢の手助けにもなる耳のトレーニングを、早速やってみましょう。

【無音トレーニング】

①できるだけ静かな部屋にいきましょう。無音に近ければ近いほど◎。

②そこで聞こえてくるかすかな音に耳を澄ませてみてください。

遠くを走る救急車のサイレン、パソコンの稼働音、時計の秒針の音、自分の鼻息……。すべての音を拾う覚悟で、丁寧に聞いてみましょう。

【チャンネル分けトレーニング】

駅のホームや空港、居酒屋など、多種多様な音がする場で、いくつの音が聞き取れるかチャレンジしてみましょう。機械音は？　風の音は？　何人が話している？　それぞれの性別と年齢は？

ギターやドラム、キーボードなど、一つの曲がさまざまな楽器でできているように、その場を構成する音がいくつあるか、一つひとつの音をチャンネル分けして聞くようなイメージで聞き取ってみてください。そして、集中をずらし、それぞれのチャンネルのボリュームを上げ下げできるか挑戦してみましょう。

この二つの「耳トレ」を5年間、毎日20分やってください。ウソ、思い出したときに、30秒ずつでもやると、それだけで世の中の見方が変わります。無意識で行っていた「聞くことの選別」という行為によって、いかにいろんな音を排除しているのかがわかります。聞いている音より、聞かないことにしている音の方が圧倒的に多いんです。

同じように、人との会話のなかでも聞くべき音も受け取るべきメッセージも聞き逃している人は少なくないでしょう。自分のバイアスの存在を認め、それを取り払っていくことで、はじめて「聞く」耳を持ったと言えます。

「暗黙の了解」ではこれからの時代に対応できない

ではなぜ僕が日本の皆さんに「聞く」ことの大切さを訴えるのか？　その動機となった、今でも強烈に印象に残っているカルチャーショックを受けたやりとりについてご紹介させてください。

あれは来日したばかりの頃のこと。バレーボールの強豪校と同じ体育館で練習していたとき、突然、そのチームの監督が小さな声で「集合」と言いました。選手の一人が雑音の中からそれを聞き取り大声で「集合！」と叫び、すぐに全員が集まりました。

「なんであんなことになる？」

僕には、監督が怒りながらも選手たちに〝質問〟しているように聞こえましたが、選手たちの返事はこうでした。


「はい！」

その後も、

「あと何回言ったらわかるんだ？」

「はい！」

「できると言ったのは誰だ？」

「はい！」

「たるんだ練習するくらいならやめよっか？」

「はい！」

一瞬、コントかと思いました。質問に答えていないですし、そもそも、答えようのない質問をしていましたから。生意気なアメリカ人の僕なら、「あと5回も言ってもらえば理解できるかなと思いますけど、おっしゃる通り、たるんでいるから今日はこの辺でやめときます」と答えてしまったかもしれません。きっと「グラウンド100周しろ！」と言われていたことでしょう。

日本では質問されても真正面から答えてはいけない時や、相手の数少ない言葉からすべてを理解しなくちゃいけない時があるのか……。日本独自のコミュニケーションを目の当たりにした瞬間でした。

こうした暗黙の了解をベースにしたコミュニケーションは、わかる人同士では非常にスムーズに意思伝達をすることができます。「ね、あれは？」「やりました」で伝わるから、「先日あの取引先でお願いされた見積もりのことだけど」とか「各部署長に確認し、二通りの試算表を提出しました」などといちいち言わずにすみます。

しかし僕の故郷アメリカでは、間違いなく通じないやり方であることもたしかです。

多民族国家のアメリカは、まったく同じ背景で育ってきている人はほとんどいません。

ルーツ、宗教、言語、性的指向、政治理念、教育レベル、ジャスティン・ビーバーに対する思いなどは千差万別。さらに住む場所によってもルールやカルチャーが大きく異なります。そういった環境では共有している文化の背景や価値観が少ないので、「なんでも言わなきゃ」伝わりません。

日本やアメリカが象徴するような違いを、文化人類学者のエドワード・ホールは「ハイコンテクスト文化」と「ローコンテクスト文化」と名付けて分けました。単一に近い民族で、言語、価値観、倫理観、嗜好《しこう》性といった文化的背景の共通度が高い文化圏である「ハイコンテクスト文化」（＝日本）と、多民族で、互いの文化的背景がかなりバラバラな文化圏である「ローコンテクスト文化」（＝アメリカ）ではコミュニケーションのあり方が違うのは当たり前です。

しかし、これからの時代はますます世界中の人と簡単につながるグローバル化が進んでいきます。

さらに世界では今、ダイバーシティ、多様性を価値とする考え方が根付こうとしています。

ダイバーシティは男性ばかりの職場における女性の登用という話だけではありません。

労働人口が減るなかで外国人の就労受け入れも進んでいくでしょうし、海外の企業や組織と連携する機会も増えるでしょう。また「ＬＧＢＴＱ」に代表される性的マイノリティや障害者、違う年代の人や異なる信仰を持つ人、さまざまな背景や特徴、そして思考、指向、志向、嗜好（４しこう！）を持つ人と一緒にプロジェクトを進めていく場面は間違いなく増えていきます。

そんななかでは、先ほどの「あれは？」のようなハイコンテクスト式のコミュニケーションは通用しなくなります。さらに、こちらの「常識」に頼った伝え方・訊き方をしていては、窮屈な思いをする人が出てくることは想像に難くありません。これからは「あれってなんでしたっけ？」と部下に訊かれても、「『あんなこと』って具体的にどんなことですか？」と選手に訊かれても、「訊き返すな」「なんでわからないんだ」と怒るのではなく、伝えるべきことはきちんと言語化する努力が求められます。

また、そもそも、日本人同士であっても人はそれぞれまったく違っています。

たしかに日本人の多くが同一の民族ということもあって、身体的な特徴が近くて、話す言語は一緒で、似たような教育や文化の中で育ちます。そういう人たちが、価値観を共有できている部分が多いのは間違いありません。

でも、だからといって、価値観が違っている部分も多々あります。「相手がわかっているると思っていたのに伝わっていなかった」というような経験がある人は、「日本人同士だからわかるはず」というバイアスを持っているせいなのかもしれません。

「日本流コミュニケーション」の利点と限界

またこれは僕の感覚でしかありませんが、日本人は空気を読むことに一生懸命になりすぎた結果、肝心の話の中身が理解できていないままでも物事を進めていることが多いような気がします。

それを感じるのが、同調の意味で使う「うん、うん」という相槌《あいづち》の数。

これ、アメリカ人はあんまり頻繁にやりません。でも日本の人はとにかくよく相槌を打つ。打ちまくる。

それ自体が悪いわけではありません。でも「相槌を打つ＝話を理解しています」というサインになってしまうので、その話がわからなかった場合、相手に尋ねにくくなってしまうんです。だから聞いたつもり、わかったつもりになってしまう。

質問できないまま会話が進んでしまうと、曖昧《あいまい》な表現で、お互いに解釈しやすい落としどころでなんとなく話が終わってしまう。最悪の場合、それが混乱や誤解の元になることもあるかもしれません。聞き手にはわかったふりをして流すのではなくちゃんと質問する努力が必要です。

アメリカでは、「バカな質問はない。唯一バカな質問は、訊かなかった質問だけ」という掲示が学校にあるほど、幼少期から積極的に「訊く」癖をつける教育が行われています。日本の学校は先生の言うことを「聞く」のが中心で、「訊く」ことはあまり重視されないと聞きます。でも最近は「アクティブ・ラーニング」の本格化によってプレゼンやディスカッションの機会が増え、発言者の言葉を審査する、聞いた情報について訊いて精査する能力がより求められるようになっているようです。

つまり、これからの教育現場では、聞き手は相手の話をよく「聴」いて理解し、疑問点があれば積極的に「訊」くことが求められます。会社での会議も、ダイバーシティに富んだ社会のやりとりも全体的にそうなる傾向にあります。

きちんと聴かなければ、適切に訊くことができない。意思の疎通が図れず、新しいアイデアも生まれず、コミュニケーション自体が効かなくなるのです。話し手だけでなく、聞き手も能動的な「アクティブ・リスナー」であればこそ、有意義な対話が生まれるんです。

アマゾン流会議「ピザ2枚ルール」

アクティブ・ラーニングの導入によって教育現場が変化を遂げつつある一方、会社の仕組みも変わろうとしています。

これまでビジネスの現場はトップダウン型で、ごく限られた上層部や役職者だけが決定権を持ち、会社の大半を占めるそれ以外の社員たちは、上の指示を受けて仕事を遂行していました。

しかし現在、こういったピラミッド型のヒエラルキーではなく、フラットな構造をとる企業が増えてきています。

その代表例が、世界有数のＥＣサイト「アマゾン」です。ＣＥＯのジェフ・ベゾスは、「ピザ２枚ルール」によって会社を成長させてきたと語っていました。これは、ピザ２枚で全員がお腹いっぱいになる人数でしか会議は開かない、というベゾス独自のビジネスルールです。

〝会議あるある〟として、その案件に少しでも関わりのある人たち全員が招集される割に、結局発言するのはいつも同じメンツの数名だけ、ということがよく言われます。これは日本でもアメリカでも同じ。結果、それ以外の人々はただその様子を眺め、決定を待っているだけという非効率なパターンが多く見られます。

しかし、このピザ2枚ルールに則《のっと》って行われる会議はだいたい5、6人。アメリカ人はピザをよく食べますけど、ピザ自体も大きいから8人まではいけます（日本サイズのピザ2枚でアメリカ人を集めるなら、会議ではなく「対談」になってしまうかも）。この限られた、少数精鋭の参加者たちは全員で意見を交わし合い、プロジェクトにコミットします。

また、ピザ2枚ルールの会議で決まったことは即実行が鉄則。すぐ判断・実行ができる人員だけでプロジェクトに取り組むため、圧倒的なスピード感で物事が進みます。

ピザ2枚ルールで決定したことに上司の判子はいらないし、持ち帰って相談することもありません。よって、管理職も自分の仕事に集中できます（メンバーで判断不可能な案件の場合は、会議自体、開かれません）。

つまり、肩書のある人の鶴の一声で物事を決定するのではなく、参加者の議論によってプロジェクトを推し進めるための仕組みが、ピザ2枚ルールです。アマゾンはこうしてプロジェクトチームを同時並行的に複数動かせるようにすることで、各々が新しい事業にチャレンジし、世界規模にまで事業を拡大してきました。

もちろん、アマゾンを支えたのは仕組みだけではありません。ピザ2枚ルールのように、自立した少人数のチームワークを実現するには、一人ひとりのコミュニケーションスキルが不可欠です。

互いの発言をきちんと聴き、質問し合うことができるかどうかで、プロジェクトの成否が決まる。だからこそ、一人ひとりが本気で聞かなければなりません。大人数が集まる会議はいざしらず、こうした会議で携帯を片手にインスタグラムを眺めているようでは、早晩、会社に居場所がなくなってしまうでしょう。

上から下へ指示を出すピラミッド型から、誰もがフラットに意見を言い合える球体型へ。労働環境の変化によって今、ますます「聞く力」が問われているんです。

僕が活躍できたのは、マックンの話を聞いたから

学校で、職場で、世界で。

今「聞く」ことがとにかく必要とされている！　と訴えてきましたが、実は僕自身が芸能界でなんとかやってこられたのも、相方マックンの話に耳を傾けたからでした。

パックンマックン結成当時、僕たちは喧嘩《けんか》ばかりしていました。

外国人役者としてすでにCMに10本ほど出演しており、テレビドラマでも準主役を演じて調子に乗っていた僕。一方、出会ったばかりの頃のマックンは、テレビどころか舞台の経験もほとんどない素人でした。

そんなどこの馬の骨かわからない男から、漫才をやるたびに、舞台上で何度も何度もどつかれる。アメリカのコメディにはツッコミの文化はないこともあって、当時はこれが本当に嫌で嫌で……。舞台から降りると「今日は18回舞台で叩《たた》かれたから、同じ回数、お前のことを殴り返す！」と、小学生みたいな因縁をマックンにつけていました。思い返せば、自分の方が経験豊かでマックンの数十倍おもしろいと思い上がっていました。でも、事実はその逆でした。

僕は6歳から舞台経験があり、大学時代はセミプロとしても活動していたので、パフォーマーのベテラン、演技のプロだというプライドがありました。そのこともあって舞台に立つと、アメリカ仕込みのコメディセンスを生かし、共演者の誰よりも大きなインパクトを残そうと、漫才中に大袈裟《おおげさ》な演技をしていました（あまりテレビでやらないですけど、僕はミスター・ビーン顔負けの変顔と滑稽《こっけい》な動きができるんです）。でも、当時はやるたびに滑りまくりました。

そんなときにマックンから言われたこの一言によって、僕の人生が変わったんです。

「日本では、お前の存在自体が大袈裟だから、普通でいいんだよ」

マックンは漫才中の僕がオーバーアクションすぎてお客さんをドン引きさせていることに気づき、アドバイスをくれたんです。

考えてみればその通りでした。僕は日本史上初の外国人漫才師（未確認だけどね）。思いっきり外国人な見た目の僕が舞台の上で漫才をしているだけでも、インパクトは相当なものだったでしょう。それをオーバーにすると衝撃度メーターが振り切れ、ネタではなくスペクタクルショーになってしまっていたんです。

そこでマックンの言う通り、極力無表情で淡々と日本語で漫才をしてみたら……これまでにないほどお客さんは大爆笑。おかげで『爆笑オンエアバトル』や『英語でしゃべらナイト』などにも出演が決まり、一躍パックンマックンの名前が全国区になりました。当時はハーバード卒ということも公言していなかったので、漫才の実力で売れたことになります。そしてハーバード卒と同じぐらいこのことを誇りに思っています。

あのとき、少し天狗《てんぐ》になっていたので正直ちょっとは迷いましたが、もし僕が「あんな素人の言うこと」と、マックンの言葉に聞く耳を持っていなかったらどうなっていたでしょうか？　もしかすると、パックンマックンはもうこの世に存在していないかもしれません。

人の話を聞いたことで、人生に「効」いた瞬間でした。

そう、本書のゴールは聞き方をマスターすることであなたの人生に「効」くことです。

「聞・聴・訊」けば、人生に「効」く！

相手の話を聞くということは、つまるところ、他者から学ぶことに他なりません。

でも私たちはいつだって自分にとって都合のいい話しか聞いていないし、聞いていたとしても、偏見や思い込みなく、フラットに情報だけを仕入れるのは至難の業です。

だからこそ本書を読みながら自分の心の中を点検し、隠し持っているバイアスを一つひとつ、取り除いていってほしいと思います。

そうして自分の中にあった偏見と向き合えたら、きっとそれまで聞こえてこなかったいろんな声が耳に飛び込んでくるはずです。

自分の心に「聞」くことができれば、今度は相手の話をまっさらな気持ちで「聴」けるようになるでしょう。

そしてわからないことがあれば、どんどん相手に「訊」きましょう。

真摯《しんし》に質問されて嫌だという人はそういません。むしろ自分に興味を持ってくれて嬉しいと感じる人のほうが多いんじゃないでしょうか。

会議の場でも、「え？　そこからかよ」というような初歩的な質問もどんどんしましょう。「基本的なことですみませんが」と、いったん断ってもいいでしょう。「そもそもなんで……」という根本的な問いがみんなの目を開くことだってあるし、行き詰まっていたプロジェクトの突破口になるかもしれません。

また、偏見なくいろんな人からさまざまな知識を貪欲《どんよく》に学ぼうとする姿勢は、周りから好感を持たれるに違いありません。

そうして人間関係が豊かになっていけば、おのずとたくさんの情報が集まり、自分の中に蓄積され、物事をより多角的に、深く考えられるようになるはずです。

第2章

「聞く力」の9割は
姿勢で決まる
——hear

心の門を開け、自分の心に「聞」いてみよう

第1章までで触れたように、「きく」と言っても漢字で表すとたくさんあります。本書では僕の独断で、「きく」を「聞・聴・訊・効」という四つに分類し、その力を一つずつ鍛えていきたいと思います。

トップバッターとなる本章で扱うのはずばり、「聞」。

もっとも一般的に使われる「きく」を表す漢字です。門に耳を当てて中の様子をうかがう、という盗聴気味な行動に由来するそうです（諸説アリ）。ちなみに「盗聴」を意味する「eavesdrop」の「eaves」は「軒」という意味で、軒下にいる人はその家の中に聞き耳を立てている人、というのが語源。発想がよく似ていますよね。

ということでパックン的「聞く」レッスンは、自分の心の門を開け、己をよく知ろうというテーマで進めたいと思います。

『ツカむ！話術』にも書きましたが、自分のことを知る、すなわち「自覚」は、対話の第

一歩。自分の実績や経歴、強みと弱みを「自覚」し、「自信」を持って「自己主張」する。これが話術の基本です。

でも相手の話を聞くのに、なぜ自分を知る必要があるのでしょう？　ちょっと不思議ですよね。

そこで思い出してほしいのが、前の章で話した「バイアス」です。

バイアスとは、思い込みや先入観、偏見、自分の思考の癖のこと。相手の話を聞く時にこのバイアスが邪魔をして事実を歪《ゆが》めてしまったり、下手すると、耳にすら入れないという悪さをしでかすこともある。

バイアスという名の心の門を開け、フラットに情報を受け止める。この状態になってようやく、聞く耳を持つことができたと言えるんです。

「パックンさん」で知った芸能界での立ち位置

バイアスという思考の偏り以外にも、自分自身をチェックすべき点はいくつもあります。

その一つが、自分の置かれている「立場」です。

僕は最近、ある出来事から芸能界における自分の「立ち位置」に気づいたことがありました。その出来事とは、いつの間にか僕の呼び名が「パックン」ではなく、「パックンさん」になっていたこと。

考えてみればここ5、6年、ディレクターなど、現場のスタッフや番組の共演者から「パックンさんとお呼びすればよろしいですか」と訊《き》かれることが急に多くなっていました。そこで「〝ベテラン〟として見られているんだ!」とはじめて気がついたんです。

ずっと20代の気分でいたんですが、実際の自分は五十路《いそじ》に突入しようとしていて、デビューから20年が経ち、同期だったタッキー&翼《つばさ》は見事に少年から青年へと成長しました(そして二人はいま新しい階段を上っています)。「学生の頃にパックンマックンを観ていました」と言ってくれる後輩芸人にも頻繁に出会います。そのなかには僕らより売れている人もいっぱいいれば、もう解散してしまったコンビもいっぱいいます。低空飛行とはいえ、長く飛びつづけて、あまり自覚のないまま、僕はすでにベテランになっていたんです。

これも「パックンさん」と呼ばれたのを〝聞いた〟ことで気づけたこと。それから僕は、「パックンでお願いします。『クン』に『さん』はおかしいでしょ?」と答えながら、「デビュー当時は長生きしない前提でコンビ名を決めたんだね~」と、頭の中で僕の変な人生を振り返ります。

話を聞きながら自分自身に問いかけることで、相手から見た自分の立ち位置が見えてくる……。

そうとわかれば俄然《がぜん》、いろんな人の言葉に耳を澄ませたくなりませんか？

自分は頼れる先輩として見られているのか、見込みのある新人として扱われているのか、はたまた話しても仕方ないヤツだと思われているのか。それを受けて自分自身は嬉《うれ》しいのか、がっかりしているのか、ラッキーだと思っているのか……。相手の声を聞くことで、自分の心の声も聞こえてくるはずです。直すところ、伸ばすところ、目指すところも教えてくれるかもしれません。

相手の話を聞くと、自分のお金に対する価値観がわかる

相手の話から自分を知ることができると話しましたが、会話の中で自分の感情が大きく動く瞬間ってありますよね。

たとえば僕なら、大好きなヤクルトスワローズの話がでたらそれだけでテンションが上

がります。あとは子育ての話も好きだし、電気自動車の話なんかにもついつい反応してしまう。

相手の話で自分の心がピクンと反応した瞬間。それは自分の価値観を知ることができるチャンスです。

たとえば政治家が「高齢者支援の拡充を推し進めます!」と街頭演説しているのを聞いて「おっ」と思ったら、なぜ自分がその言葉に引っ掛かったのか考えてみる。親の介護を通し、その必要性を痛感したからでしょうか? それとも働き世代への支援を望んでいるがゆえに、反発を覚えたからでしょうか?

共感、好感、嫌悪感、反発心……相手の声が自分の感情をどう揺らしたのか。またその理由はなんなのかを心に聞いてみると、隠れていた自分の価値観を手に取るように眺めることができるんです。

特に僕はお金に対する自分の考え方を、相手の話から知ることが多い気がします。三度《みたび》の登場ですが、「はじめに」の妻とのやりとりが、まさにそうでした。

妻「今度の連休はハワイに行きたいけど、ハイシーズンだから旅行代金高いよねえ。いろいろ節約したいけど、まだネギも高いって話だったのよ」
パ「そっか。ごめんね。でも、ハワイ、たしかにいいねえ。お金も何とかなるかも。角川新書の印税は5～6000円入る予定だし！」

このとき「年に一度家族を海外旅行に連れて行けるくらい稼げる夫でいたい」と思っている自分に気づき、「僕ってこんな風にお金のことを考えていたのか！」と、自分の価値観に驚きました。

また、共働き夫婦の友人と話す「家事の外注化」問題についても、自分のお金に対する価値観を感じた瞬間です。

Aさん夫婦はどんなに忙しくても、家事は自分たちでこなすタイプ。

「1回で5000円もとられるのよ。だったら普段頑張ってその分、週末に美味《おい》しいごはんでも食べに行きたいの」

こう語るA家の奥さんに対し、Bさん夫婦はすでに引退して時間にも余裕がありそうですが、週に一度は家事代行サービスを頼むと話していました。

「頑張りすぎて体を壊してからは、贅沢《ぜいたく》かもしれないけど、週一でお手伝いさんに来てもらってる。それで健康でいられるなら安いもんかなと思って」

どちらの話もすっごくよくわかるなあと思って聞きながら、自分自身の忙しさや奥さんの負担を考え、「たまにはうちも、時間をお金で買ってもいいかな」と考えている自分に気がつきました。

時に電気やガスが止まってしまうほど貧しい母子家庭で育った僕は、たぶん周りの人よりお金に対してシビアです。10歳から18歳までの間は、家計のために新聞配達をやっていましたし、自力でできることにお金を払うことはほぼありませんでした。例えば、33歳のとき、結婚をきっかけにアパートからマンションに引っ越しましたが、それも、引っ越し屋さんに頼まず軽トラック一台と台車一つで8年分の荷物を運びました。3日後に結婚式を控えていた妻にも、初めて来日した姉にも手伝いをさせました。最低の男だよね！

そこで「家事代行サービスはいいかも」と思った瞬間、金銭感覚の変化に気づいたんです。友人の話から自分の変化を知った瞬間でした。まだ家事代行サービスは頼んでいないけど。

こうして人の話を自分に照らし合わせながら聞くと、自分自身の知らない側面を発見できるだけでなく、より相手に共感でき、問題を他人事にしない〝当事者意識〟も芽生えます。

友人夫婦と話した「家事の外注化」はお金と時間の配分についてでしたが、往々にしてこの話は、ワンオペ育児を強いられがちな働く女性の話にもつながるでしょう。さらに深く考えていけば、ジェンダーの話になっていくかもしれません。

話をしっかり聞くことで、自分のこと、そして世の中のことへの理解がより深くなるのです。

「無関心・不勉強・不都合」なものの中にも、真実はある

2018年4月にイギリスで発売された書籍『FACTFULNESS（ファクトフルネス）』（ハンス・ロスリングほか著）をご存じでしょうか？

全世界で100万部を売り上げ、日本でも2019年に発売され、20日で20万部を記録した話題の本です（日本語版は上杉周作、関美和訳で日経BP社より刊行）。

ビル・ゲイツやバラク・オバマも絶賛する本書のテーマはずばり、「〝思い込み〟からの

解放」。

さまざまなデータに基づき、今の世界の現実を理解させてくれる名著なのですが、僕が感想を述べるより、ここに掲載されている問題を実際に解いてもらったほうが話が早いので、引用します。何問正解できるかやってみてください。

Q1. 世界中の1歳児の中で、なんらかの病気に対して予防接種を受けている子供はどのくらいいるでしょう？

A 20%
B 50%
C 80%

Q2. いくらかでも電気が使える人は、世界にどのくらいいるでしょう？

A 20%

B 50%
C 80%

Q3．現在、低所得国に暮らす女子の何割が、初等教育を修了するでしょう？

A 20%
B 40%
C 60%

答えは……ゴゴゴゴゴゴゴ……全部C！ さあ、いくつ正解できたでしょうか。

この問題を見たとき、「世界には貧しい人がたくさんいて、女性の権利も低いままで、衛生環境も不十分な地域がたくさんあるはず」と、なんとなく悪い方に世の中のことを考えていませんでしたか？

そう考えさせた犯人こそ、あなたの心の中にあるバイアスです。

それはもしかすると「不勉強」からくるバイアスで、数十年前に学んだ中学校の教科書の知識のまま、今の世界を見渡しているからかもしれません。はっきり言ってそれ、かなり古い！

でも、恥ずかしいことではありません。このクイズ、一流のグローバル企業の役員でも、各国の有識者でも、ノーベル賞受賞者でもほとんどが間違うそうです。「不勉強の会」には立派な仲間がたくさんいます！

なぜ、先進国の僕らは世界を正しく見ることができていないのか？　その要因として、メディアの影響は間違いなくあります。自然災害や殺人事件、感染症の発症、紛争や飢餓、財政破綻《はたん》、少子高齢化、連れ去り事件、煽《あお》り運転。ニュースでは連日、悲しい出来事や悲観的なデータばかりが取り上げられています。でもそれと同時に毎日、全世界の43万人（毎秒5人！）が中間層入りしていますが、テレビのニュースをいつ見ても「本日、中間層入りした43万人の方々、おめでとうございます！」とは報道されません。

「去年の今日は交通事故負傷者が55人でしたが、今日は49人でした」「今日もトラブルなく、すべての飛行機が離着陸しました」なんてニュースも見たことがありません。

50年前に比べれば飢餓も災害の死者数も減っているし、女性の政治参加や電気を使える人も増えている（『FACTFULNESS（ファクトフルネス）』日本語版P.78－81参照）。

もちろん、世界には変えていかなければならないことがたくさんあります。たとえばQ3の60%はまだまだ低い数字ですし、それ以外の国との差や、男女の差も依然あります。

それでも、世界全体では良くなっている部分がたくさんあります。しかしながら、そうした情報はなかなか耳に入ってこないし見えません。そして無関心だったり不勉強だったりする事柄の中にも真実はあって、更新されないままの知識やなんとなくのイメージが、真実を歪めてしまうこともあることはぜひ心に留《とど》めておいてください。とにかく「これ、思い込みかも!」と思ったら、まずとりあえずググりましょう。そして、衝撃の事実を知ったら、国や国際機関が出している統計の本を確認しましょう。

同時に、得た情報が自分にとって不都合なものであるとき、人はそれをスルーしがちな傾向があります。そうした情報があったときには、むしろ積極的に調べて知見を広げるチャンスです。ぜひとも〝不都合バイアス〟にも気を配りましょう。

「どうせ」「だって」の呪い

そしてバイアスの中のバイアス、超高頻度で現れるトップ・オブ・バイアスが、第1章で少し触れた「どうせ」「だって」です。

「どうせまたいつもの話っしょ」
「聞いたってどうせ変わんないし」
「お前だって同じじゃん」
「だって聞いてるヒマがないもん」

人の話を聞くとき、こんな風に脳内が「どうせ」と「だって」で埋め尽くされていませんか。「どうせ」は相手の話を聞かずに内容を決めつけること、「だって」は言い訳、反論の準備をしている証拠。

特に毎日顔を合わせる家族や友人、上司や部下に対し「どうせ」「だって」は発動されがちです。僕もこれが出てしまうのはたいてい、家族かマックンかマネージャーに対してです。いつもごめんなさい。

親しければ親しいほど、また話す回数が多ければ多いほど聞き逃しが多くなるのは、距離の近さゆえ、相手のことを知ったつもりになっているからでしょう。

特にお互いが「どうせ」を持ってしまった場合は最悪です。

例えば上司が部下に助言をするシーン。「どうせ課長の古い感覚を押し付けるだけ」と思っている部下が、「わかりました」と上辺だけの返事をして上司の話を聞き流す。そして「こいつの〝わかりました〟はどうせ口先だけ」と、上司は部下の返事をまるっきり信じません。こんな「どうせ同士」は悲劇（喜劇？）の始まり。

そういえば相方のマックンもこの前、奥さんから「どうせ」を発動されたそうです。「今度の連休どうする？」とマックンが奥さんに予定を尋ねたら、「どうせ群馬でしょ」と言われたと。

というのも、マックンの出身地である群馬には彼の実家があって、休みのたびに家族みんなで帰省していたから。だから奥さんは「休み＝群馬」というイメージができてしまい、マックンの質問に答える気もなくなってしまったそうです。それで思わず、「どうせ群馬でしょ」が口から出てしまった、と。

でも、響きはいいんですよね。ぐんま特使をやっているマックンにはぜひ、「どうせ群馬」を県のキャッチコピーにして地元を売り出してほしい……ってダメか。

なんて言いつつ僕の家でもまるで同じ現象が起こっていて、なにかにつけて僕がアメリカに帰ろうとするので、休みの前は子どもたちから「どうせアメリカでしょ」と言われる始末。

でもこういう応酬が続くと、今度は僕やマックンの方が「連休の予定を訊いてもどうせみんなから期待されていないしな……」と思うようになり、先ほどの上司と部下の例と似たような〝どうせどうせ現象〟に陥ってしまうんです。

「どうせ」という思い込みがコミュニケーションの障害になっているなら、その障害を取り除くことが「聞く」姿勢を作ることになります。いますぐ脳内に浮かんだ「どうせ」を捨ててしまいましょう。

「どうせ」の思い込みが、相手のポテンシャルを潰す

以前、息子の発表会に参加してものすごく反省したことがあります。

小学生の息子がこの一年で学んだことの総まとめをみんなの前で発表したときのこと。

3人でグループを組んで発表をしたんですが、他の子がペーパーを読みながらプレゼンしているなかで、息子だけはしっかりと前を向き、みんなの目を見ながら堂々と自分の研

究を発表できていました。

「おお、すごい！ めちゃくちゃ頑張ってる！」

そんな風に喜んでいたのもつかの間、プレゼンが進むうちに息子は黙り込んでしまい、他の二人ばかりがしゃべるようになってしまった。

最初は感動していた僕もみるみるうちに気持ちが冷めていって、最後には「なにしてるんだよ！」とイライラしてしまったんです。

その帰り道、息子に「なんで後半は黙ってたの？ ライ君が話しているのをもっと聞きたかったたな」と話したところ、彼からこんな言葉が返ってきました。

「だって隣の二人は前半と同じことを繰り返してるだけだったから」

そこで僕はハッとしました。

確かに、息子が黙っていた時間、他の子たちは立派にプレゼンしていたんですが、振り返れば、特別新しい情報じゃなかったんです。

「だったら後半は短めに終わらせて、質疑応答の時間にしたほうがいいと思ったんだ」

息子は自分のやりたいことを叶《かな》えながら、聴衆のニーズを考え、見事にそれに応《こた》えようとしていました。それなのに僕はまったくそれを理解せず、心配と焦りと思い込みで、実際に話されていたことが聞こえていなかったんです。

「projection」という単語があります。投影という意味で、建物に映像を映し出す「プロジェクション・マッピング」にも使われていますが、同じように、他人の行動に自分の気持ちを映し、それしか見えない状態をも指します。発表会の出来事はまさに僕の気持ちのプロジェクションが引き起こしたことだと思いました。

しゃべりだしが少し遅かったライ君、英語の教育に慣れるのに時間がかかったライ君、家では猫とだらだら遊んだり、漫画を読んだりしてばかりいるライ君。プレゼンで黙り込んだのは、表現ができない？　周りの英語がわかっていない？　準備をサボった？　などと、いろいろと「どうせライ君だから……」の悪い解釈が思い浮かんでしまっていた。そんな思い込みと心配が発表会にプロジェクションされた結果、まったく後半のプレゼンが聞こえなくなっていたんです。ちゃんと聞いていたら正しい解釈ができていたはずなのに。

子どもが生まれてすぐ、「できる・できないで子どもを判断しない」と書いてある子育て本を読みました。そこには、「スポーツが得意とか絵本が読めないなんていうラベルを捨て、毎回毎回、その場の出来事だけを見てあげること。そうしないと、勝手に親が子どものポテンシャルを決めつけ、潰《つぶ》してしまうから」とありました。

でも本を読んだはずの僕は、全然その内容を読めてなかったし、発表会に参加していたのに、全然聞こえてなかったんです。そのすべては僕の「どうせ」という思い込みのせいでした。ライ君、ごめん！　この本も「絵がないから、どうせ読まないだろう」なんて思わないようにするよ！

素直に話を聞くために「自分への攻撃」と考えない

「部屋の片付けしといて」
「自分だってやってないじゃん」

「やればできるのに」
「だって別の教科で成果出してるじゃん」

「どうせ」と並ぶ二大バイアスの一つ、「だって」。
「どうせ」より「だって」の方がちょっとヘヴィといいますか、こじらせてる人が多いかもしれません。

というのも「だって」は、人の話に対して、とにかくケチつけたくなるクセだからです。で、僕はこれ、めちゃくちゃ当てはまります。だから自省を込めて書きたいと思うんですが、そもそも議論が大好きなアメリカ人は、このタイプが多いような気がします。

このタイプの思考のクセ（というかバイアス）を持つ人は、「どうせ」のように聞き流すのではなく、相手の話をどう論破してやろうか、反論してやろうかとウズウズしています。そのため相手が自分にとって有益なことを話してくれていても、あら探しの方に夢中になり、意図を聞き逃してしまいます。

また素直に話を聞き入れないので、相手の話をとにかく否定し、自分をかばってしまうことも。

3度目の遅刻をしたことを叱られると、「だって、道がいつも混んでいるんだもん！」と言う人。いつもなら、対策をとれるでしょ。「お前だって、昨日早退したじゃん！」と反撃する人。攻撃の的をずらさないでください。「だって、朝の会議は意味ないし」と、みんなが思っていたけど言えずにいたことをつい口にしてしまう人。遅刻せずに言うと説得力あがるよ。

「だって」で論点をすり替えて言い訳をし、自分を正当化しようとすることは損なだけです。聞く耳をふさぎ、自分の欠点をねじまげて美化し、下手すると是正すべき点を逆に伸ばしてしまいます。この例では自分の通勤手段や時間を、または会社の会議方針を見直す大事な機会を失ってしまうことになります。

こういった姿勢を英語で「get defensive」と言います。「防御態勢をとる」という意味で、アメリカではすごくよく使う表現です。

"Don't get defensive."（防御態勢をとらないで）

"I got defensive."（僕は防御態勢に入った）

というように、相手に聞く耳を持つように促したり、自分が素直に聞かなかった原因を自己分析したりするときに便利です。

敏感な人だと、なにもかも個人攻撃と受け取ってしまい、「今日は暑いですね」と言われただけなのに、「太ってていてすいませんねっ！」なんて思ったりするかもしれません。

こんな風に防御態勢に入って心を閉ざしてしまうと、矢も入ってこないかわりに、相手の情報もなにも入ってきません。

マックンから「お前はオーバーアクションですべっている」と言われたとき、僕も「お前だってすべっているじゃん！」と反撃することもできたと思いますが、当時にしては奇跡的に防衛態勢をとらずに聞き入れました。個人攻撃ではなく、僕のためになる大事な情報でした。結果的に、二人ともウケるようになりました。

指摘は個人攻撃とは違います。議論も口論とは違います。そう思って、相手の声を聞いて受け止められれば、情報をたくさん獲得できて、改善点も教えてもらえるんです。結局、その方が議論にも交渉にも強い。つまり、防御態勢はむしろ自分を弱くしていることを自覚しましょう。

ついでに、「get defensive」と並んで覚えておきたいのが、「passive aggressive」です。これもアメリカでは超有名な表現です。「受動的攻撃性」と訳されることが多いですね。受け身（passive）なのに攻撃的（aggressive）とは、少しわけがわからない感じがしますが、それを表す行動はよく見るものです。

例えば、何かの行事に直接的に「行きたくない」とは言わないけど、待ち合わせ時間に遅れたり、準備しなかったり、（わざと？）日にちを間違えたり、都合よく風邪を引いたりする人、いませんか？　それで結局一緒に行く約束をしていた自分も行けなくなってしまう。これが「passive aggressive behavior」（受動的攻撃行動）。

他にも、人を無視する、愚痴を言う、曖昧《あいまい》な頼み方をしたのにやってもらえなかったことで怒ったりする、人の計画をダメにするなどなどの問題行動が代表的です。これらはもちろん、主に言動する側の問題ですが、聞き手としては、そんな受動的攻撃性に気づいたら、口に出されていない、その裏の感情にもいち早く気づけると、相手の真意にぐっと迫ることができるでしょう。少なからず誰でもやることはありますので、「passive aggressive」のセンサーを持つと便利です。ぜひ覚えておいてください。まあ、めんどくさいなら覚えなくてもいいけど……（と言って、後で覚えていないことに怒るのも受動的攻撃性の典型）。

英語力と仕事力は別の話なのに

「あの子だってやってるから」
「だって○○君の家ではいいって言ってたよ」
「あいつだって同じじゃん」

「だって」の例をみると、わがままを言う我が子のことを思い出してしまいますが、大人も「だって」が発動してしまうシチュエーションは多々あります。

自慢になりますが、大学生のとき、監督よりバレーボールがうまかったんです。その先生は元トルコ代表のエースで、当時40歳くらいだったでしょうか。

ある日、二人でダブルスを組んでビーチバレーをやったときのこと。お遊びでしたが、やっぱり先生だからか、僕にミスがあると怒ってくるんです。でもそのときは先生も相手にスパイクをブロックされっぱなしで失点ばかりしていたもんだから、「先生だって全然ダメじゃん！」と僕は反発したんです。

けれど戦歴やこれまでの勉強量からいって、先生は絶対に僕よりテクニックや戦い方を知っている。ただ40歳の中年vs.20歳の若者ということで、身体的にかなわなかっただけなんですよね。

先生がミスをしまくっている〝画的《え》〟にもその場で感情をコントロールするのはとっても難しいんですけど、反発したい衝動をぐっと抑えて、素直に先生の話を聞く必要はあったなあと今は思います（元トルコ代表で大学の監督でもある人に耳を傾けなかった僕だから、ほとんど素人のマックンのアドバイスを素直に聞いたのはやはり奇跡的でした）。

これと似た話で、メジャーリーグでは今、アナリストたちが積極的に野球に関わっています。まったく野球経験のない人間であっても、世界最高峰の選手や監督、GMに対し、データを基にした口出しをしています（ブラッド・ピット主演の『マネーボール』もそういう映画でした）。

アメフトの監督やコーチもこのようなケースは多くて、プレイヤーとしてはプロになれなかった人たちであっても、戦略のプロとして選手たちを率いていたりする。彼らはプレイヤーほど走れないし投げられないかもしれませんが、選手たちに怒る権利があるんです。日本はまだこのあたりが明確に分かれていなくて、「だってお前、やったことねーじゃん」ですべてが封殺されてしまう雰囲気が残っている気がします。ほとんどのスポーツでは元選手が監督や協会の役員になっていますが、選手として一流でも、指導や管理職の才能は保証されません。

スポーツの世界に限らず、特ダネを取ってくるエース記者が新聞社の社長になったら、ベストセラーを量産する凄腕《すごうで》編集者が経営に回ったら……それがベストかどうかはまったく別の話です。

でも、もちろん、名手で名コーチの人もいれば名監督で名役員の人もいる。元ベストセラー編集者で敏腕経営者もいるでしょう。とにかく、「どうせ選手経験がないから……」

とか「どうせスポーツ馬鹿だから……」と、思い込みで片付けるのは危険。片方の側面の実績や能力だけで相手の発言に耳をふさいではなりません。

たとえばアメリカ人は、英語が下手な人をバカにしがちです。

他国からアメリカにやって来たビジネスパーソンや留学生が誤った文法で話していると、発言そのものをおかしいと思ってしまう。でも当たり前ですが、英語が下手でも、優秀な人はいっぱいいます。

日本人の中にも海外の人に対して、「外国人だからわかんないか」と思いがちな人もいるように感じます。たしかに、僕も日本に来たばかりの頃は右も左もわかっていなかったので、本当にいろんな失敗をしました。彼女候補の女性に、普通に仏花をプレゼントしているし、直《じか》に和式便器に座り込んだりしています。

でもそんな失敗の多くはマナーや言語、または価値観の違いからくるものであって、能力のなさ、見る目のなさなどの証拠ではないはずです。日本のいろいろなことを知らない僕でも言っていることが正しい可能性は十分ある。間違っているかどうかはまた別の話。

幸い、そう思ってくれる日本人にいっぱい出会うことができて、言うことも聞いてもらえたので今の僕がいます。

「罪を憎んで人を憎まず」と同じ発想で、発言の内容とパーソナリティを切り離し、フラットな気持ちで言葉を受け止めること。これが「どうせ」を捨てるには欠かせない作業なんです。

説明書なしで家具を組み立てた結果

「どうせ」という決めつけ・先入観においては、「イメージギャップ」という問題もよく出てきます。

これは、自分の中にあるイメージで物事を決めつけ、本質を見誤ってしまうことを指します。

もっともイメージギャップが顕著に現れるのが、差別です。ステレオタイプな考えを持ち、「〇〇出身の人はこういう考え方をする」とか、「女は地図が読めない」「オタクは対人スキルに欠ける」といった己の価値観だけをものさしにして物事を決めつけ、それ以外の意見を耳に入れず排除してしまう。

〝日本人じゃないからわかんないだろ〟という固定観念は在日外国人の間であるあるにな

っています。来日して四半世紀以上経つ僕ですが、いまだにお蕎麦屋《そば》さんで「フォーク使われますか」と訊かれたりします。それなりに流暢《りゅうちょう》な日本語で注文したあとですよ。お店の方の優しさだとはわかっていても、ちょっとムッとしてしまうことも少なくありません(もちろん嫌味を口にはしませんけど、「ありがとうございます！　二つください」と頼み、フォーク2本をお箸《はし》のように使うことはあります。ごめん、ないです)。

イメージギャップのせいで、蕎麦好きな外国人にムカつかれるだけではなく、到達すべきゴールとはまったく違う地点に着地してしまうこともあります。それがよく表れている、ある有名なリスニングの専門家が例に使う話をお借りしましょう。

その専門家は、チームワークを鍛えるビジネスパーソン向けのワークショップで、参加した役員や中間管理職の人たちを川に連れて行き、ローイング、つまりボートを漕《こ》ぐことに挑戦してもらうといいます。参加者たちはみんな優秀なキレものばかりで、いろんなことを達成できている人たち。そんなメンツが、レッスンを受けたうえで、一つのチームになり、息をあわせてボートを漕ぐという、一見とても単純な作業ですが……それが、まったくうまくできない。ボートよりもっと高度なミッションを成功させてきたのに、です。

なぜかというと、メンバーそれぞれが自分なりの〝漕ぐイメージ〟を持ってしまっていて、素直に指導を聞かないから。つまり、レッスンを受けるための状態にないということ。それで各々が自己流でローイングした結果、ボートが進まなくなってしまうんだそう。

僕はこの話を聞いたとき、家にあるＩＫＥＡの家具を思い出しました。

僕はいつもＩＫＥＡで買った家具を、説明書を見ずに組み立てはじめてしまいます。それで、なんかいびつだな〜、歪んでるな〜、脚が床につかないぞ〜と思ってはじめて説明書を見ると、たいてい手順が間違っている。そこで解体してもう一回組み立てる羽目になります。

商品の完成形を見て勝手に作り方をイメージして、全然違うものが出来上がってしまう。これぞイメージギャップ現象だと思いました。

同じように人の話を聞き終わらないうちに「こういうことだろう」と先に結論づけてしまうと、まったく違う展開に話が進んでいったとき、相手の意図がわからなくなってしまいます。

電話がかかってきた！「課長、すみません、もうそろそろ現場に着きますよね？」」、外回りに同行するはずの新入社員からでした。「あの、五十日《ごとおび》のせいか、道がすごく混んでいまして……」と、ここまで聞いたら「遅れるだろう」と、イメージで決めちゃいそうですよね。でもそこで「わかった、早く来い」と電話を切るのが本当に正解でしょうか？ だって、続きは「遅刻しないように、早く出すぎて、もう現場近くの喫茶店に着いていますが、課長はカプチーノでよろしいですか？」という、嬉しいオファーだったりするかもしれません！

相手の話を勝手に結論づけずに、最後まで聞くように心がけましょう。「いつも」と違う可能性、選択肢も頭に入れておきましょう。

例えば、人事担当が新しい営業部員を採用する面接官になったとしましょう。営業といったら、カバン一つで朝から晩まで取引先を回って挨拶《あいさつ》したり、中間管理職と飲んだりするため、元気な体育会系がいい！ そんなイメージで面接に臨んだら、もしかしたら話題性の高い動画をユーチューブにアップすることで一歩も外に出ることなく何倍もの「営業力」を発揮できる、暗くてヒョロヒョロしたクリエーターを見落としてしまうかもしれません（すみません。「暗くてヒョロヒョロ」も僕のイメージギャップです）。「営業」という二文字で決めつけず、最近のトレンド、営業部のニーズなどを聞いてみてから面接を行っても遅くはないはずです。

ぜひイメージギャップに気をつけてください。

過剰な防御本能が心の耳をふさぐ

この前、僕の友人のAさんからちょっとイイ話を聞きました。

ことの始まりは、Aさんのもとにきたこんなメールからでした。

「久しぶり！　●×小学校で一緒だったBです。もしよければ今度飲もうよ」

Bさんとは仲が良かったことは覚えているものの、小学校の卒業から一度も顔を合わせていないので、かれこれ30年ぶり。

興味本位で会う約束をしたものの、「選挙のお願いか、なにか売りつけられるのが関の山かな」と、Bさんからの突然の連絡に対して疑う気持ちしかありませんでした。今までの経験に基づいた「イメージ」から、いわゆる「どうせ……」の現象が起きていたんですね。

いざ当日。Aさんは周囲の友人にも、突然の再会について相談をし、警告やアドバイスをたくさんもらいました。「どっからでもこい！　絶対に私はだまされない！」と、準備は万全です。

そして久しぶりにBさんと対面し、杯を重ねていきました。でも、その日だけはAさんはいくら飲んでも酔うことはなく、かといって会話を楽しむ余裕もなく、ひたすら〝そのとき〟を待ちわびていました。もはや早く営業トークをはじめてほしいくらいの気持ちです。

しかし、待てど暮らせど、選挙もツボも健康食品も保険の話も出てきません。Bさんは終始、二人で遊んだ昔話を楽しそうに話していましたが、Aさんはずっと上の空。そうこうするうちに30年ぶりの再会は終了してしまいました。「だまされるもんか」と構えまくっていたAさんでしたが、Bさんはただ、彼女に会いたかっただけだったのです。

それから毎年届くようになったBさんからの年賀状を見るたび、30年ぶりの再会を、「もったいなかったな〜」と思い出すと、Aさんは苦笑いしながら話していました。

人間には危機管理能力があり、〝想定外〟がないようにあらゆる想像と策をめぐらせ、いつ来るともしれない衝撃に備えておく本能があります。

災害に対する備えはもちろんのこと、心理的にも傷つきたくないし、怒られたりもしたくない。だからこそ、〝最悪〟を先回りして考えます。

「彼にフラれるのが怖すぎて自分から別れを告げてしまった」という知人の女性もいまし

た。相手に嫌われたり、傷つくのが怖いからといって殻に閉じこもってしまっては、恋愛も発展しませんし、せっかくの縁が切れてしまうかもしれません。

神様は傷ついてほしくなかったならば、人間に甲羅をくれたはずです。多少傷ついても「感じてほしいから」と、甲羅ではなく皮膚をくれたんではないでしょうか？　ハーバードの比較宗教学部で学び、首席で卒業した結果、神様を信じなくなった僕であってもそう信じています。

もちろん、人間ですから、自分を守るのは当然。ただ、相手の話がまったく入ってこないほどの恐怖や緊張を持ってしまった場合には、対話自体をそもそも仕切り直し、その原因を探ったほうがいいかもしれません。

Aさんの話でいえば、30年ぶりの再会の時間を楽しめないほどBさんの意図が気になったのなら、「気を悪くしたらごめん、最近そういう連絡で嫌な思いをしたことがあって……」などと前置きした上で、疑問をぶつけてもよかったかもしれません。

負の感情がバイアスになりうることも心に留めていただきつつ、一緒に「聞ける」人を目指して頑張りましょう。いつだって完璧《かんぺき》でいられるリスナーなんていませんから！

第3章

対話とは
相手について
「聴く」こと
——listen

「アクティブ・リスニング」とは、相手に重点を置くこと

「聞く」姿勢を手に入れた第2章に続き、第3章では「聴く」についてお伝えしていきたいと思います。

皆さんは普段「聞く」と「聴く」、どのようにして使い分けているでしょうか。

国語辞書にはこのような使い方の説明がありました。

き・く【聞く・聴く】……広く一般には「聞」を使い、注意深く耳を傾ける場合に「聴」を使う。（『広辞苑　第七版』／岩波書店刊）

耳に自然に入ってくる音を受け止めるのが「聞く」。その中でも、特定の音により耳を澄ませる行為が「聴く」、という感じでしょうか。

英語に変換すると「hear」が「聞く」、「listen」が「聴く」にあたります。なので、「音

楽を聴く」は「listen to music」が一般的。「君の話をちゃんと聴いてるよ！」という意味の英語も、"I'm listening" になります。

「聞く—— hear」の章ではまず、聞く耳を持つことが大切、とお伝えしました。

そのために、音の聞き分け練習をし、聞くための障害となっているバイアス、防御態勢、イメージギャップを取り除くことの大切さを語ってきました。それらは「どうせ」という決めつけと「だって」という反発からきているので、極力、先入観や反論したい気持ちを抑え、相手の言葉をそのまま受け止めましょうというのが「聞く」のポイントでした。

では、さらに進んだ「聴く」、リスニングで鍛えるべきはどんなことか。

本書での「聴く」は、「相手を知る」ことと定義したいと思います。

自分の内面を点検する作業だった「聞く」に対し、「聴く」は、とにかく相手の気持ちを理解し、その人の価値観まで知ることを目指します。

対話では常に相手に重点を置き、とにかくその人を否定せずにしゃべらせてください。エンジンがかかってきたなと思ったらその話題をどんどん掘り下げて、彼・彼女の興味のあることをたくさん引き出してください。楽しいけど、気力もいります。

対話に集中する。相手を理解する。反応で理解を示す。内容を記憶する。これが能動的な聴き方、「アクティブ・リスニング」の基本です。

相手のことを知ろうとしない限り、対話は深まりません。話し上手な人は誰より、人の話を聴く人です。話下手だなと自覚している人は特に本章で「聴く」力を鍛えてほしいと思います。

人を動かすなら話を聴け

「ザ・グレート・コミュニケーター」と呼ばれ、スピーチに定評のあった第40代アメリカ大統領のロナルド・レーガン。そんな彼の演説の中でも特に有名なものが、１９８７年にベルリンで行ったスピーチです。彼はソ連のゴルバチョフ書記長にこう呼びかけました。

「ミスターゴルバチョフ、この壁を壊しなさい（Mr.Gorbachev, tear down this wall）」

この呼びかけの2年後、ドイツを分断していたベルリンの壁は本当に取り壊されました。

凄《すご》いことですよね。

でもこの話には、さらに興味深いエピソードがあります。

レーガンのスピーチ原稿を書いたのは、彼のスピーチライターを務めていたピーター・ロビンソンと言われています。彼がドイツ人の友人宅で夕飯をごちそうになっていた際、その家のおばあちゃんが「あの壁、壊してくれないかねえ」とぼやいているのを耳にしたことから、この文言を急いで原稿に入れ込んだと言われているんです。

スピーチライターがおばあちゃんの話を「聴」き、心底共感したことで筆を執った。そして原稿はレーガンの名スピーチとなって世界中の人々の耳に届き、歴史までも変えてしまった。まさに「聴」いたことが「効」いた、鳥肌モノのエピソードです。

「聴く」ことについて考えさせられたのが、２０１９年夏に起きた大手芸能事務所とその所属芸人との衝突です。覚えている方も多いかと思います。

起こしてしまった不祥事について「謝罪会見したい」と訴えた芸人たちに対し、事務所の社長が「会見を開いたらクビにする。全員クビにできる力が俺にはある」などと発言したとされています。自分たちの意向が受け入れられなかった芸人たちは事務所を通さず独自に謝罪会見を開き、結果的に上層部からの圧力を暴露する事態に発展しました。

反乱とも言える行動を芸人たちが取らざるを得なかったのは、会社側が芸人たちの本当の気持ちを聴けなかった、聴いてこなかったからではないでしょうか。ドイツ人おばあちゃんの話を聴いたレーガンのスピーチライターとは真逆のパターンです。

そのため「悪いことをしたら謝るのが筋」という彼らの理念を理解できず、行動も変えることができなかった。結果、事務所にとって大打撃と言える会見が開かれてしまった。きちんと聴いていれば、お互いが納得し合える解決策にたどり着けたかもしれないと今でも強く思います（この話にオチをつけたかったんですが、うちの事務所の社長に止められたので、我慢します）。

気持ちを動かす、でも価値観は変えられない

上記のエピソードはこれからお話しする「3K」に通じます。

「3K」とは、古代ローマで世界一の話術を持っていると謳《うた》われたキケロが説いた、相手を動かすときに欠かせない要素のこと。三つのKは「Kimochi」「Kangae」「Kodo」。つま

り、「気持ち・考え・行動」。はい、ラテン語ではなく日本語でした。意訳して３Ｋと名付けたのは僕であって、キケロではない。失敬！（なおラテン語ではＤＤＭ、Docere, Delectare, Et movere、直訳だと、教えて、喜ばせて、動かす、となります）

相手にやってほしいこと（またはやってほしくないこと）があるなら、まずその人の「気持ち」を変えましょう。「あの人のためなら」「あのビジョンを成すためなら」と、動いてほしい方向に、相手が動きたくなるように気持ちを変えていく。そうして気持ちが動いたら、命令しなくても動いてくれます。

どういう風に動くのかは「考え」を変えることで決まります。まず「この問題は上からだけでなく横からも下からも斜めからも見えますよね」と、視線の角度を変えたり、「問題の解決策として、これもあるのでは？」と視野を広げたりします。相手の考えを動かしたい方向に少しずつ、丁寧に導いていく。

目指す方向や目的地に「行きたい」という気持ちになり、「この行き方がいい」という考えになったら、その方向や目的地に向かって走り出す「行動」が伴ってきます。こうやって一緒に旅する人を増やすのが本物のリーダーなんです！

……と簡単に言いましたが、「具体的にどうやったら相手の気持ちや考えを変えられるんだよ！」というところに戻りましょう。

そこで、「聴く」と「訊《き》く」の出番です。「そのときどんな気持ちだった？」「今はどう思っている？」と、相手の気持ちを受け止め、共感できるまでとことん「聴」いてください。

そのうえで相手にとって何が大事なのか、何をどうしたいのか、価値観と目的を「訊」いてみましょう。すると、相手が動いてくれるモチベーションが生まれ、自分と相手との行くべき道が見えてきます。

「儲《もう》かるから」「かっこいいから」「お父さんが喜ぶから」などと、自分だったら喜ぶような一言を使っても、お金に興味がない人、モテたくない人、お父さんの浮気が原因で家庭内がゴタゴタしている人は反応しないでしょう。その人にとっての大事なもの、つまり「価値観」を把握しないと本当のモチベーションは生まれません。

目的を知る必要については、こんな寓話（『イソップ物語』みたいなもの）があります。

あるところに一頭の牛を取り合っている二人の男がいました。どちらも「これは俺の牛だ！」と主張するばかりで相手の話に耳を貸さず、頭側と尻尾《しっぽ》側で引っ張りあった結果、牛は半分にちぎれてしまいました。

一人の男は、牛を食べたかったんです。手に入れた牛の半分を、肉だけ食べて皮は捨てました。一方、もう一人の男は革ジャンを作りたかった。なので皮だけを使い、肉は全部捨てました。等分に分けて問題は解決したかと思いきや、とてももったいない〝はんぶんこ〟をしてしまったんです。

お分かりいただけましたか？　最初から二人の男が互いの気持ちを聴き、目的を尋ねあっていれば、両者が一頭の牛から最大限の利益を引き出せたはずなのに、それをしなかったため、利益は半分になってしまいました。詳しくは後の第4、5章に書きますが、「聴」いて「訊」けば、最終的に自分の人生に「効」く。つまりは、自分の人生を豊かにすることにつながります。

先ほどの大手芸能事務所と所属芸人の問題で言えば、もちろん憶測の話にすぎませんけど、「謝罪会見をするかどうか」の「行動」から話し合いが始まったように感じました。

双方にとって、何が大事なのか、説明責任を果たしたい気持ち、問題を拡大させたくない気持ち、ファンや関係者に謝りたい気持ちなどなど、共通するものはたくさんあるはずです。目的も、早く落ち着いて仕事に戻ること、ここまで築いてきた評判を守ることなど、共有するものがありそうです。これらを確認したうえであれば、双方が納得できる行動を探せたかもしれません。もともと日本一の話のスキルを持つ人たちです。そして、一流の芸人は一流の聞き手でもあります。互いの価値をさらに高め合えた可能性が十分あったような気がしてならない一件でした。

相手の価値観を知るキーワードが「コモンプレイス」

相手の価値観を知る必要性について書きましたが、気持ちや考えはなんとなく聴けそうな気はしても、相手の価値観って一体どうやって知るのでしょう。「あなたの価値観を教えてください」と尋ねるのも変ですし、ちょっと難しそうですよね。でも注意深く聴けば、自然と浮かび上がってくるのが価値観です。

そのための大きな手がかりとして、「コモンプレイス（Commonplace）」を意識してほしいと思います。

コモン（公共）とプレイス（場所）で「公共の場所」？　と思ったあなた、その認識はニアピンです。みんなが共有できる場所、そういう場所が実はコミュニケーション上にもあるんです。見えないけどね。

コミュニケーション論でいうコモンプレイスとは、ある集団がよく使う特定の表現のこと。その表現自体が公共の〝場〟になります。たとえば家族間でしか通じない表現ってありませんか？　我が家における「靴下」は「びーちゃん」ですし、小さいのに妙に貫禄《かんろく》ある近所の男の子は「未来の区長」で通じます。たとえば、「ＰＰＰ」と他の家の子どもに言ったら「？」となりますよね？　でも、僕の子だと“Play the Piano, Please”の略で「ピアノの練習しておいてね」だとすぐ通じます。通じてもやってはくれないけどね。

ピンポイントですが、これがハーラン家のコモンプレイス。もっと皆さんになじみのある例だと、「終わりよければすべてよし」や「七転び八起き」といった慣用句は日本人ならなんの不思議もなく使っているコモンプレイス。おもしろいことに、前者は“All's well that ends well”というシェイクスピアの戯曲の名前でもあり、英語でも同じ表現があるんですけど、アメリカではほとんど聞かない表現です。僕からすると、七回も転ぶ前に気づくよな〜って、ちょっと不思議に感じてしまう。つまりコモンプレイスではありません。

余談ですが、「二度あることは三度ある」と言いますが、「三度目の正直」とも言いますよね。相反する慣用表現があるのに、日本人の皆さんは疑問に思わない。「そんなものだ」という認識をすでに持っているからです。

こういったある国、地域、年代、組織などで頻繁に使われ、その人たちの共通の価値観や認識を示すキーワードや言い回しのことを「コモンプレイス」と言います。

「素材の味を大事にしました」という表現は日本だとよく聞く売り文句ですけど、ソースの味を大切にするフランスだと通じないかもしれません。「素材の味しかしないよ！」とクレームに使われる可能性すら否定できません。

相手の話を聴くときも、どんな言葉や表現をよく使うのかに注目してみてください。そうして相手のコモンプレイスがわかれば、なにを大切に考えているのか、すなわち価値観が見えてきます。

日本では食に関する記事やテレビ番組に「安全」や「安心」の話がよくでます。食材、食料品の広告にも使ったりします。ですが、アメリカだと価格、スピード、ボリュームをアピールする広告、それをほめる記事や番組のほうがよく目に入ります。使っている表現の違いは情報の受け手が反応するポイントの違い、つまり国民の価値観の違いを表すものです。ちなみに、食中毒による死亡者数も違います。日本だと年間数名程度。しかもそのうち何件かは高齢者による誤食が原因です。アメリカでは年間３０００人もいます。安い、速い！　でかい！　危ない！

家族や国民にコモンプレイスがあれば、その間の規模の団体や組織にもあります。経団連だったら何になるでしょうね？　経済界だから、「利益」「収益」「輸出入」「イノベーション」「ガバナンス」といったワードが頻繁に使われているのではないでしょうか。一方、出版社での会議なら、「部数」「重版」「書店」「アマゾン」「印税」なんて言葉が飛び交っているでしょう。芸人の会合だと「ノリツッコミ」とか、「出オチ」「イチボケ」とかの専門用語が飛び交うはずです。芸人の会合なんて聞いたことないけど。

相手の話をよく聴いて、繰り返し使われる単語とそれに対して相手が示す評価（肯定的？　否定的？　懐疑的？）を覚えておけば、話し手が大切にしている理念がわかります。それを、自分の話に用いるのがポイントです。

例えば、大手企業の価値観は上記にある「利益」などのコモンプレイスで示されます。交渉相手の労働組合だったら、「福利厚生」「年金」「働く環境」などが重視されるでしょう。交渉のときに「利益」ではなく「社員を守るための安定した経営」と言い換えるだけでも成功率が変わるはず。労組側も「休ませろ」と言うより「元気な会社に貢献できる元気な社員を……」などと、価値観を合わせた表現を用いるとよりスムーズにいくでしょう。

自分と同じ価値観を持っている人に対して、人は高い信頼感を持つ傾向にあります。コモンプレイスをうまく活用しながら会話を進められれば、相手の懐に入り込んで、有利に交渉を進めることもできるはず。会話を漠然と聞くのではなく、使われている表現の奥にある心の声をも拾うように、積極的に聴きこむのがアクティブ・リスニングなんです。

〝コモンプレイス〟の超絶使い手「お笑い芸人」

お笑い芸人というと、自前のネタを披露して爆笑をとったり、トークで人を笑わせたりするので、〝一流の話し手〟というイメージがあると思います。でも、生き残っている芸人の多くは〝聞き手〟としても超一流な人ばかりです。

特に今のお笑いシーンは一発芸のような自前のネタで爆発的に売れたとしても、トーク力がないと、その後も生き残ることは難しい。

〝すべらない話〟のようなおもしろエピソードを持つことや、人を惹《ひ》き込む話術を磨くことはもちろん重要ですが、そういったトーク力を支えているのが〝聴く力〟だと芸人の僕自身、日々、実感しています。

というのも、〝すべらない話〟レベルにおもしろい経験はそう何度もできません。まして日々メディアに露出するようになれば、すぐにネタは尽きてしまいます。でも、できる芸人さんの周りには常に笑いがある。何が違うのか？　できる芸人さんたちはその場で出たおもしろいキーワードを逃さずキャッチし、それを自分のトークに織り込んで場を盛り上げていくんです。

拾うキーワードは会話だけでなく、今話題になっているニュースでもかまいません。先ほどの大手芸能事務所の話に戻ってしまいますが、スキャンダル発生からしばらくは「闇営業」というキーワードを芸人が使えば、だいたい誰でも笑いが取れました。

芸人流の〝聴き方〟は、こうして日々おもしろいキーワードを聴いて集めてインプットする。そうして収集したキーワードを、おもしろさを最大化できる瞬間に狙いを定めて投下することで芸として結実するんです。

たとえるなら〝芸人脳〟は2トラックで動いていて、一つのトラックで話を聴いてキーワードをチョイスし、もう片方のトラックではインプットしたキーワードをどう使うか考えています。ちょうどクラブＤＪが片方の耳で今流している曲を聴き、逆の耳で次に流す曲のテンポやタイミングを聴いて、曲と曲をスムーズにつなぐプレイと似ています。

僕が芸人の中でも一流の聞き手だと思うのが、南海《なんかい》キャンディーズの山《やま》ちゃん（山里亮太《やまさとりょうた》さん）。彼はたぶん、相手の言葉を聞いて、その人が最後まで話し終わる前にツッコミを考えていると思います。相手が放ったキーワードを手がかりに、それに関連する表現とか、そこから派生するおもしろい捉《とら》え方を見つけて、自分なりの付加価値をつけておもしろく突っ込む力が抜群。まさに一流芸人のなせる業です。

でもこれは、芸人以外の人も真似できます。特に相手の話を聴き、「これは大事そうだな」と思ったキーワードを拾う作業は、コモンプレイスを見つけることになります。

相手が繰り返し使う言葉には価値観が見えるはずですし、それをきちんと聴いて話に盛り込むことができれば、〝一流芸人の聴き方〟が身についたと言えるでしょう。

ちなみに〝ひな壇〟の場合だと、聴いてばかりでは失敗します。というのもあそこはトークの戦場ですから、いかにオンエアで使ってもらえるかが勝負。ひな壇芸人としてキャスティングされたときは、毎回が公開オーディションです。

芸人の誰もが爪痕《つめあと》を残そうと必死なので、話の途中で割り込みしてもお互い恨みっこなし。……ですが、僕がその場で用意していたオチを披露する前に他の芸人に割り込まれて、おいしいところを持っていかれてしまったときはめっちゃ恨みました。器が小さいから。

そんなわけで僕はひな壇が大の苦手なんですが、それはもしかすると、アメリカには「Don't interrupt」という、お母さんの口癖として当たり前なくらいの言葉があって、「人の話に割り込んではいけない」というマナーのもとで育ったこともあるのかもしれません。母はひな壇芸人を育てる気はなかったんだろうね、きっと。

人間の思考スタイルは四つ

ちょっと熱くなってしまいました。話をもとに戻します。

実は人の思考スタイルも、コモンプレイスから読み解くことができます。

ビジネスパーソン向けのセミナーなどでもよく取り上げられる有名な思考スタイルとして、このような四つの分類があります。

・直観的（intuitive）
・分析的（analytical）
・事実的（factual）
・規範的（normative）

「直観的」な人は「あ、これいいな」と思うと動く人で、アイデアやイマジネーションを重視します。数字やデータはあまり気にせず、細部より全体像に注目するタイプ。こういったタイプの方が好む表現としては、「新しい」「発想」「ビジョン」などが挙げられます。

「分析的」に物事を見る人は、論理的に考えることで正しい解決にたどり着こうとします。複数の主張やデータを天秤《てんびん》にかけ、冷静に物事を判断することに長《た》けています。分析的な方のコモンプレイスとしては、「○○ゆえに」「○○だから」「○○するために」といったものがよく出てきます。

「事実」を重視する人がもっとも好きなものはデータ。証拠や論拠がはっきりしていることが大切で、相手にもそれを求めがちです。二言目には「エビデンスは？」と訊いてくるちょっと面倒なヤツですが、僕は間違いなくこのタイプ。「事実」「定義」「データ」「説明」といったワードがうるさいぐらいよく出てくる人は事実的なタイプです。

「規範的」な考え方を持つ人は、道徳やルールに基づいて問題を解決しようとします。「私語厳禁って書いてあるからおしゃべりしちゃだめだよ」みたいな感じで、その場の規則に従います。これが悪い方に出ると、地位や権力で人を動かそうとすることも。「ルール」「きまり」「○○すべき」というワードが頻出したら、規範的なタイプと思いましょう。

思考スタイルで見る交通安全標語

明るい街を作るのは、あなたの笑顔とハンドル操作。

作・直観的な人

スピードを出しすぎると、視野が狭くなると同時に判断する時間が減り、また衝撃力が大きくなるため危険です。

作・分析的な人

衝突時の走行速度と歩行者が致命傷となる確率は30km/hでは約10%、しかし50km/hでは80%を超える。

参照：Speed management- A road safety manual for decision-makers and practitioners-

作・事実的な人

道路交通法を破った場合、罰金または懲役の刑事罰が科されることがあります。

作・規範的な人

ちなみに、先日とあるテレビの討論番組でLGBTQの問題を扱ったとき、ある国会議員の人に「同性婚は認めないんですか」と尋ねたら、その人は「法律で禁じられていますから」と答えていました。法律を作ったり変えたりするのが国会議員の仕事なのに、変な答えだなと僕は思いましたが、その方は規範的な考えの持ち主なんでしょう。

テレビなどで活躍するコメンテーターも、出演する番組によって四つのタイプを使い分けています。たとえばゴシップもたくさん扱うフィーリング重視の情報番組だったら、「それ、奥さんたちが喜ぶね!」と感覚的にしゃべります。一方で硬い討論番組だったらデータや論拠、具体案などをきっちり入れ込んで、事実的な人や規範的な人を巻き込んでいきます。

話を聴いて相手の価値観と思考スタイルを把握することで、相手の真のメッセージも見えるし、相手を動かすために有効な話し方も見えてきます。「聴」いて「見」えることって、実はたくさんあるんです。

ただ、相手の価値観が見えても、それを変えることは簡単ではありません。これだけは忘れないでください。

価値観というのは、生まれてから今に至るまで何十年もかけて出来上がってきたもの。

そのため、世代や生まれた場所、家庭環境などが価値観の形成に多分に影響しています。

たとえば今の若者、僕の授業を履修している東工大の学生たちに訊いてみたら、「同性婚を認めるべき」と思っている学生がほとんどでした。彼らが育ったのは、世界で同性婚かそれと同等の制度を導入している国が多く、海外のテレビドラマはもちろん、国内制作のものにも同性愛者が普通に登場している時代です。

昔のメディアで同性愛を真面目に扱ったものはほとんどなかったはずです。お笑いで使われる場合も今の価値観からするとドン引きするような表現も少なくありませんでした。

今の大学生がもし総理大臣になったら、同性婚はすぐ合法化されるでしょうけど、現在の権力者は昔のメディアに触れて、昔の常識で育った方々。世代間の価値観の違いは、一朝一夕で埋まるものではありません。

なので、価値観は変えるものではなく、理解するもの、説得のために〝利用するもの〟だと覚えておきましょう。もちろん、何十年もかけて育てようと思う相手なら話は別ですけど……。

人間は、「ヒマ」だから聞き逃す

我々は、聞いているつもりでまったく相手の話を聞けてないことが多々あると訴えてきました。その原因の一つとも言えるのが、「聞き手はヒマ」問題です（話に100％集中するアクティブ・リスニングをしていればヒマなことはありませんが……）。

人の思考力を表す単位として「WPM」というものがあります。これは「WORDS PER MINUTE」の略で、1分間にいくつの単語を処理できるかを表す単位です。

英語圏での調査によると、私たちは考えるときに頭の中で600から3000WPMもの単語を処理しているんだそうです。一方話す場合には1分間でだいたい、150前後しか単語を言えないと言います。早口の元世界記録保持者で速朗読が主な仕事にしているスティーブ・ウッドモアさんという方がいて、彼は1分間に637ワード話せるそうなので、この人に限っては思考力よりも速く言葉を操っているかもしれないけどね。

余談ですが、米議会である法案に反対する議員たちが可決を遅らせるための戦術として、膨大なページ数のある法案を全部読み上げてほしいと議会に申し出たことがありました

（日本でいう「牛歩戦術」に近いもの）。規則として、そのような申請があると議会側は応じる必要があります。だから1分でも早く終わらせるべく、超早口の人をその場に呼び寄せて、普通に読むと2日かかる法案を9時間で全部読み上げてもらったというエピソードがあります。その人であればこの本ならＣＭ一つの間に読み上げ終わっちゃうでしょうね。

こういった特異な例は別として、普通の人はしゃべるよりも考えているときのほうが数倍も多くの単語を処理できるのが一般的です。

ということは、話を聞いているとき、その話の内容を全部処理しても、脳の思考力は余っています。それによって相手の言葉よりも思考が先に行ってしまって、「どうせ」と結論を決めつけたり、「だって」と反論の準備をしたり、あるいはその話から派生した話題へと思考が脱線して耳からの情報が入らなくなったりします。

物理的に聞き取れないのではなく、余計なことを考えてしまうがゆえに、我々は相手のことを「聴く」チャンスを逃してしまうんです。

ではここで紙面上ではありますが、皆さんがどれだけちゃんと聞いているかテストしてみたいと思います。次の問題をよく聞いて（読んで）みてくださいね。

問　あなたはバスの運転手です。

朝一番に出発して、一つ目のバス停で10人のお客さんが乗ってきました。次のバス停では5人が降り、3人のお客さんが乗ってきました。さらに次のバス停では2人が降りて、9人が乗りました。

さて、バスの運転手は何歳でしょうか。

さあ、わかりましたか？　ちゃんと聞いて（読んで）いれば答えがすぐわかるはずですよ。

正解は、あなたの年齢でした！

ページをめくる、いじわるレイアウトですみません！　でも、いかに我々が聞き流して（ここでは読み飛ばして）生活しているか実感してもらえたのではないでしょうか。

実は、これはリスニングのセミナーなどでよく使われるものです。僕も、数学の文章問題が得意だからか、最初は簡単に引っかかってしまいました。悔しいので、それからはこの話を何度も他の人にして引っかけようとしています。性格が悪い！

「聴き方」は、リフレクション・サマリー・エンパシー

声は聞こえているのに、話は聴けていない。

この事態を打破するために、「聴く」の基本となる三つのポイントを紹介します。

とにもかくにもリスニング、「聴く」においては相手の気持ちがポイントになります。なので、自分の意見ではなく相手の意見を引き出し、聴くようにしたいです。

このとき最初に繰り出すのが、リフレクション（reflection）。水面の「反映」や音の「反響」といった意味がありますが、つまりは、相手の使ったワードを繰り返してみる方法です。

「その時はすごく悲しかったんだけど」

「うんうん、それは悲しいよね」

と、相手の言葉を受け止めたことをきちんとアピールしてください。

リフレクションで相手に話をきちんと聴いていますよと伝えられたら、次はその要点を

まとめましょう。

大事なポイントを一つの「サマリー（summary 要約）」として相手にまた伝えます。聞き間違いはないか、勘違いはないかと、確認を取るのです。この作業をサマライズといいます。ちなみに、その結果にコミットするときは「サマライザップ」……とは言いません。

そして最後はエンパシー（empathy）です。

シンパシー（sympathy）は聞いたことがあるかもしれません。似ているんですけど意味はちょっと違って、シンパシーは日本語でいうと「かわいそう」「大変ね」みたいなニュアンス。でも「聴く」では同情ではなく、〝共感〟という意味のエンパシーを使っていただきたいんです。

「あなたかわいそうね」と対岸の火事的に同情するのではなく、「わかる、わかるよ、その辛さ」と、相手の感情に寄り添い、その気持ちを追体験するくらい深く共感してください。

なかなかできることではないですが、リフレクション・サマリー・エンパシー、この三つのポイントを押さえられると相手の気持ちがとってもよくわかって、主張や価値観もすっと理解できます。口にすると相手も聴いてもらった実感があり、話しやすくなります。

似たような方法をセラピストもよく使います。

「スピーカー・リスナー・テクニック（エクササイズ）」というもので、相談に訪れた夫婦や恋人同士の片方に、まずはパートナーの話すことを5分間黙って聴いてもらい、その後、相手の話したことの要点を伝えてもらうというものです。

「あなたの言いたかったことは、こうこうこういうことですね」とサマライズしてもらうわけですが、結構外れていることも多いんだとか。

5分間黙っていることはできても、素直に聴けていたわけではないんです。思い込みのバイアスをかけて聴いていたせいで、「僕の収入が足りないと思ってる」とか、「どうせ私が働く気がないと思ってるんでしょ」などと勝手に話を決めつけて防御態勢を取ってしまい、相手の本音をまったく聴けていないそうなんです。

決めつけや反発心を抑えるのが難しい場合は、先ほど紹介したリフレクションをもっと大げさにしてみるといいかもしれません。

基本的に会話をするときは相手の正面に座り、目を見てください。相手の気持ちが聴けるのは言葉からだけではありません。汗をかいているのか、前のめりになっているのか、焦っている様子なのか、身体が発するメッセージも見逃さないようにしたいポイントです。

ボディランゲージも大きなヒントになります。

そして、相槌《あいづち》や言葉の繰り返しに加えて、相手の表情もリフレクションしてみてください。不思議なもので、真似しただけなのに表情から自分の気持ちも変わっていくんです。

以前知人から聞いた話ですが、知人が「おじいちゃんっていつも笑ってるよね。なんでそんなに幸せなの」と尋ねたら、「幸せだから笑ってるんじゃなくて、笑ってるから幸せなんだ」とおじいちゃんは答えたそうです。

顔から気分が変わる。これと同じことで、相手の気持ちに本気で共感したいなら、丸ごと表情も真似てしまえばいいんです。よく「夫婦は顔が似てくる」と言われますが、もしかすると互いの話に本気で共感し合っているからこそ、似てくるのかもしれませんね（漫才コンビもそうかもしれないと気づいてからは、マックンの表情を真似しないように心がけています）。


僕がリフレクションの達人と崇《あが》めている人がいます。その人はとあるテレビ局のカメラマン。

僕たち芸人が人前でしゃべるときは、当たり前ですがとにかくウケたい。特に自分がおもしろいと思った話には笑ってほしいわけです。だからライブが大好き、とても気持ちいいです（すべる以外は）（すべったことはないけど）（今、すべってるかな）。でも、テレビでは、カメラに向かってしゃべるので、相手の反応がわからない。唯一目線に入っているのはカメラマンですが、現場では声を出してはいけないことがほとんどです。また、彼らの顔の半分は担いでいるカメラで隠れているのでリアクションも乏しい。自分の話がおもしろいのかつまらないのかわからず、不安になってしまうこともあります。

でも、僕が崇めるそのカメラマンは、カメラアングルをしっかりと固定しつつも微妙に相槌を打ち、声を一切出すことなく、表情だけで「ニカ～」と笑ってくれる。ときどきファインダーから顔を外し、笑顔を見せることもある。カメラ目線でしゃべるとき、彼のこの反応がどれほど心強くて嬉《うれ》しいことか……涙！

テレビを見ていて「今日はおもしろい話が聞けた」と思ったときは有名司会者だけでなく、〝聞き手〟のカメラマンの力量も大きいかもしれません。

有吉弘行、マツコ・デラックス……名司会者たちの〝聴き術〟

わかりやすいところでは、アナウンサーの聴き方は参考にしやすいと思います。口角を少し上げ気味にし、適度に相槌を打つ。そして相手の話を遮ることなく、ベストなタイミングで話をサマライズする……アナウンサーは相手に気持ちよく話してもらうプロですので、その〝術〟は見てどんどん盗むべき。

3人以上の会話になったとき、アナウンサーのように相手の話を適度に整理し、場を回せるような存在になるとありがたがられるし、何よりあなた自身がとっても知的に映ると思います。

アナウンサーといえば、昔ワイドショーでお世話になった三雲孝江《みくもたかえ》さんは本当に聴き上手な方でした。こちらの暑苦しくて拙《つたな》い話も愛情いっぱいに受け止めてくれている感じが伝わってきて、「三雲さんなら全部受け止めてくれる！」と、なんでもお母さんに報告したい子どもみたいになっていましたね。

真似するのは難しいかもしれませんが、番組のMCを務めるような芸能人も、超一流のオリジナルな〝聴き術〟を持っている方が多いです。

番組でご一緒したときに凄いな〜と感じたのは、有吉弘行《ありよしひろいき》さん。どんな悪球でもしっかり受け止めて笑いに変えてくれるし、とても場を冷静に見ているので、笑いのチャンスを逃さず、的確に盛り上げていく。その雰囲気作りがピカイチで、芸能界屈指の聞き手だと思います。

マツコ・デラックスさんも素晴らしいですね。話し手の思いを丸ごと受け止めて共感したうえで、相手に合わせたリアクションができる。適度なボディタッチも含めて、「この人、好き！」と相手に思わせてしまう魅力があります。

そして「聴く」というか実際には「読む」ですが、ツイッターでのつぶやきという〝声〟を聴くのが抜群にうまいのが河野太郎《こうのたろう》防衛大臣です。

旧姓を併記したパスポートが渡航先で不便だと訴えるつぶやきに対し、「対応を指示しました」とコメントを付けてリツイート（当時は外務大臣）。一国の大臣がツイッターで国民の声を聴き、その要望に即座に応《こた》えたことに感動の声が上がりました。

そんな真面目な対応の他にも、

「ちょっといいなと思っていた友達の彼氏に好きって言われたんですけど、どうしたらいいですか？」
河野大臣「人類の半分は男でちょっといいぐらいのはたくさんいるから、友達大切にしな」
「今度彼氏の家族と野球観戦に行きますが、なにか気をつけておいた方がいいこととかありますかね……？？？」
河野大臣「ファウルボール」

といったように恋愛相談や雑談も引き受け、そのユーモアあふれる回答も話題になりました。むろん、当時外務大臣だった河野さんがやるべきことは、もっと世界の声にも耳を傾けることだったようにも思いますが、ＳＮＳの使い方は、まさに今の時代に必要とされる〝聴く力〟を表したものではないでしょうか。

聴くことで救える命もある

「聴く」は自分本位ではなく、相手に今の気持ちをありのままにしゃべってもらい、それに共感し、結果としてその人丸ごとを知る行為だと書きました。

まず、話を聴くときにはなるべく携帯電話に触らず、テレビなどもできるだけＯＦＦにしましょう。単に気が散るからというだけではなく、リスニングは、雰囲気作りから始まりますよ。

そして、集中して、反応しながら、最後まで聴きましょう。

と、偉そうなことを言う僕ですが、これが結構苦手で、聴いている途中でつい、口をはさみたくなってしまうんです。よくあるパターンが、奥さんが悩みを話していると、それを遮り、アドバイスをはじめてしまうこと。

男性と女性の思考の違いでよく語られるものの一つに、会話に解決を求める男性に対し、女性は会話に共感を求めるというものがあります。悩みを話す相手が男の場合、「わかった。じゃあ、こうしよう」と解決策を示すとありがたがられるかもしれませんが、女性の場合には、聴いてもらうだけで十分だとよく言われます（もちろん、あくまで傾向の話でしかありませんし、テレビショッピングではないですが、個人差はあります。ただ僕の周りの女性はたしかにそういうタイプの方が少なくありません）。

最近、そのことについてお母さんにも怒られました。

その日は電話でお母さんの愚痴を聴いていたんですが、僕は聴いているだけでは我慢できず、つい、「それってこうしたら解決する話なんじゃない？」と言ってしまった。するとお母さんは「私の問題を勝手に解決するな！」と怒り出してしまったんです。

自分の中で良い解決策が浮かんだとしても、それを言う前に「僕のアドバイスっている？」と尋ねればよかったんですね……。また一つ勉強です……。

解決策を欲しているかどうかは、相手によって異なります。それを探るためにも、リフレクションとサマリーとエンパシーを活用して、相手の気持ちを知るといいですが、最後にはストレートに訊いてもいいでしょう。

またアドバイスと同様に気をつけたいのが、「ジャッジメント」です。

先日、知り合いの編集者さんが「会社の近くに引っ越した」と話すのを聞いて、「じゃあ、ますます仕事三昧《ざんまい》だね！」と言ったんです。すると彼は少し悲しそうな顔をして、

「……みんなそう言うんですよね……」とぽつり。またやっちまいました。どんな理由があって会社の近くに住みだしたのかも聴かず、勝手に結論づけてしまったその瞬間、彼との間に隙間ができてしまった気がしました。

「聴く」において必要なのは、自分の意見ではありません。相手の立場ならどう思うのか、それだけに集中して聴きましょう。相手を思っているつもりでも、勝手なジャッジメントや、良いアドバイスをしてあげようなんて気持ちが邪魔になりかねません。

実際、「聴く」だけで人の命を救った人もいます。

日本家族再生センターでカウンセラーとして活動する味沢道明《あじさわみちあき》さんはある日、「通り魔を決意した」という元患者から電話を受けました。

「どうやって殺そうか」

そう泣きながら話す男性の言葉に対して味沢さんは、こんな風に答えたそうです。

「へぇ。殺したいと思ってるの」

行為を否定するわけでも肯定するわけでもなく、ただただ男性の声に耳を傾けました。

味沢さんは「どこでやろうと思ってるの？」「いつやるの？」と、どこまでも淡々と週末の計画でも聴くかのように、彼の中に芽生えた殺意を受け止めました。そうして話していくうちに男性の殺意はすーっと収まっていったと言います。

「人を殺すなんておかしい」といったジャッジメントを一切せず、「よく殺さなかったねえ」と、男性の気持ちをすべて受け止め、共感した。それによってギリギリのところにいた彼を引き止めることができたんです。

さらに男性が会社を辞めたことに対し、味沢さんは、「あら！　おめでとう！」と対応。「君は働いてない状態にそのうち飽きるだろうから大丈夫」と続けたそうです。そして、その通りになりました。カウンセリングを受けて、精神的なピンチを乗り越えたこの男性は、後に心理学を学び、味沢さんと同じカウンセラーになった中村カズノリさんという人。

二人からこの話を聴いて、僕も大変感動しました。「他人を傷つける人」の一歩手前だった中村さんが、味沢さんに聴いてもらったことで「周りを助ける人」に変わりました。聴くことの力を改めて感じた瞬間でした。

「乱暴者」「怠け者」「頑固者」「ミーハー」「ヒステリック」などなど、我々はなにかしら他人をラベリングしがちです。そうして相手のことを決めつけ、気持ちに寄り添うことをすっかり忘れてしまう。

味沢さんのところに駆け込んでくる人たちも悩み、苦しんでいるのに、周囲からは「引きこもっているお前が悪い」「ただの怠慢」といったジャッジメントやラベリングをされ、さらに追い詰められてしまっているといいます。こうしたことが続くと他人に対して心を開くことが怖くなり、社会とのつながりがさらに希薄になってしまうかもしれません。

一方で味沢さんは、「あ、そう、今引きこもってるの。いいじゃない」「仕事してないんだ。しばらく無職でもいいいんじゃない」と、相手の気持ちをとにかく受け止めるといいます。

ともすれば、無責任になんでも「いいじゃん」と言っているように聞こえるかもしれません。だって殺人すら受け入れてしまうことで、本当に事件が起きてしまったらどうするのでしょうか。

そう尋ねると味沢さんは、「僕は相談相手を絶対に裏切らない」と言い、自分が裏切ることでその人もその周囲にいる人も救われなくなるから、と話してくれました。今のところ、そんな事件も起きていないと言いますが、僕だったら不安です。

「でも、味沢さんならわかってくれる」

共感してもらえる誰かがいることが、人間にとって大きな支えや生きる希望になることを痛感しました。

聴き方のヒントを胸にしまいながらも、これはあくまでもカウンセリングのプロだからできることだということを忘れずに。もし親しい人からこうしたシリアスな話を聴いたら自分だけで受け止めようとせず、ぜひプロフェッショナルを頼ってください。

セラピストに学ぶ傾聴の極意

一方で、普段の生活の中でこうしたプロの傾聴の仕方を真似ることは有効だと思います。「苦しいよね」「怒って当然だよ」「悔しい気持ちでいっぱいだよね」と、ぜひその人を丸ごと受け止め、聴き入れる姿勢を練習してみてください。

相手の気持ちを引き出す一番簡単な質問を一つお伝えします。それは、「How do you feel?」です。「今、どういう気持ち?」「そのときどう感じたの?」と相手に投げかけてみましょう。

これは実際のセラピストやカウンセラーも患者さんによく訊く質問だそうですが、最初のうちは本当に悩んでいることや苦しんでいることは語らないそうです。

夫と喧嘩《けんか》ばかりで辛い、親から暴力を受けている、解雇された、彼女にフラれた……など、そのとき本当に辛いと感じていることを説明するのは難しいものです。一方で、「こういうことがあった」という事実だけなら話しやすいそう。

なのでまずは出来事だけを引き出してあげて、その後、「あなたの気持ちはどうなの？」と訊くという順番で行ってみましょう。そして相手がどんな感情を抱いているにせよ、決してその気持ちを否定せず、受け止めて共感するように心がけてみてください。

「佐藤さんはそのときそんな気持ちだったんだね」と、ときどき相手の名前を入れるのもいいでしょう。「他でもないあなたの話を聴いていますよ」というメッセージになり、相手に安心感を与えます。

話はそれますが、僕は日本に来て初めて〝下の名前で呼び合わない〟文化に出会いました。

「ハーランさん」と名字で呼ばれるとすっごく距離を置かれている感じで寂しかったんですが、本当に助かったのは、「パックン」という親しみやすい芸名をつけてもらったこと（命名者は相方の吉田眞《よしだまこと》）。

生まれてこの方一度も呼ばれたことのないネーミングでしたが、おそらく芸能人で自分でも「クン」と名乗っているのは他にさかなクンくらい。かぶりもないし、親しみやすいし、本当に気に入っています。ありがとう、眞さん！

共感しすぎは時に逆効果

相手の気持ちを受け止め、共感する。その大切さを語ってきましたが、肩入れするあまり、相手以上に感情が入ってしまうと逆効果になります。

僕はこれを大事な出産の場面でやってしまいました。

長男のライ君がまもなく産まれるというとき、僕は分娩《ぶんべん》に立ち会って妻をお手伝いする気マンマンでした。彼女がリラックスできるようにとっておきの音楽も用意して準備万全……だったはずが、応援するのに必死になりすぎた僕は、ずっと同じ曲がリピート再生されていることに気がつきませんでした。さらに、無事ライ君が産まれたあとも奥さんを差し置いて大号泣。

いきんでいる最中《さなか》ずっと同じ音楽が流れているのが気になり、何度も「止めて」と訴えていた妻は僕の過剰反応にすっかり白けてしまい、いまいち感動に浸ることができなかったそうです。

この話は10年以上経った今も奥さんからチクリと言われますから、世の男性はぜひこれを教訓にして立ち会い出産に臨んでいただきたいと思います……。

逆のパターンで、僕が白けてしまったこともありました。

アメリカにいるお母さんに電話で「レギュラー番組が二つ終わるんだ」と伝えた途端、母は「オーノ―――!!!!!!!!」と大絶叫。めちゃくちゃ心配されてしまって、話したことを瞬時に後悔しました。

母が子どもである僕の生活を心配してくれているのはわかっていますが、ここまで過剰な反応が返ってきてしまうと、「心配かけたくないから、もう報告するのはやめておこう」となってしまう。同じような経験から、怒られたくない、心配させたくない、悲しませたくないなどの理由で、自分の話を編集してしまう人が多いのではないでしょうか。

でも僕のお母さんがこんなに心配性になったのにも、理由があります。

彼女は三女として生まれましたが、上の姉二人の世話でいっぱいいっぱいだった両親にあまりケアされることなく育ったそうです。さらに自分が家庭を持ってからも離婚を経験し、シングルマザーとして姉と僕を養わなくてはいけなかった。そのため、孤軍奮闘して苦境を生き抜かなければならない強迫観念が母の中にはずーっとある。仕事や収入が途絶える恐怖を人一倍感じ、戦ってきた母ゆえの、「オーノ―――!!!!!!!!」なんです。

『隷属なき道』などで知られる気鋭のジャーナリスト、ルトガー・ブレグマンさんの話で、「金銭の欠乏がIQの低下を招く」という説がありました。

インドの農家を対象にしたある研究で、1年に1度の大きな収穫の前と後とで、知能テストの結果を比べることにしました。農家は収穫した作物を売って大金が手に入るので収穫後にお金の心配はあまりありません。ですが、収穫の直前だと、前年の収入がとっくに消え、借金が溜《た》まり、日々の生活費の捻出《ねんしゅつ》にも苦労している時期になります。余裕がある収穫後の知能テストの結果は普通でしたが、収穫前の貧しい時期のスコアは大きく下がったそうです。

こういった研究などからブレグマンさんは、お金の心配をしていると、限りある脳の処理能力がほかの問題に回されなくなり、「貧困が判断力の低下を招く」と考え、ベーシック・インカムの導入を提唱しています。安定した収入が保障されると、多くの人の思考力とともに、国の生産性も上がるとみているのです。

でも、これはベーシック・インカムではなくアドバンスド・リスニングの本でしたね。

人間は心が支配されてしまうほどの金銭的恐怖やストレス、トラウマや心配事を抱えているときには、ＩＱテストだけではなく、相手の話を普通に受け止めるのも難しいと言えます。

エンパシーは大事です。ぜひ相手に共感しましょう。でも、それが行き過ぎて相手が引いてしまうほどの強い反応になると、まず話してもらえなくなる恐れがあります。そして、そんな反応自体が警戒信号かもしれません。トラウマがバイアスにもなりうるので、そんなときには第1章に立ち返って、自分の心によくよく「聞」いてみてほしいと思います。

第4章

だまされないための「訊く」技術——quest

訊き出すコツはマジカルバナナ

仕事柄、質問されることが多いです。

どうして日本に来たんですか？
なぜ芸人になったんですか？
マックンとは仲悪いんですか？

質問者は新聞社の記者さんのこともあれば雑誌のライターさんのこともありますが、「今日は気持ちよく話せたな〜」と思ったうまいインタビュアー（聞き手）に共通していることがあります。

それは、〝マジカルバナナっぽさ〟。

「マジカルバナナ」は90年代の人気番組『マジカル頭脳パワー!!』でやっていた連想ゲー

ムのことで、「バナナと言ったらすべる」「すべると言ったらソリ」「ソリと言ったらサンタ」といったように、ある単語から連想できるワードを出し、リズムに乗ってそれを次々とつないでいく遊びのことです。僕が１９９３年に来日したばかりの頃、友人と一緒に福井の街中をドライブするときにいつもやっていました（来日後の2年半、英会話講師をしていた福井県は僕の第二の故郷です）。だから僕の日本語はマジカルバナナ仕込みといっても過言ではありません。

で、うまいインタビュアーさんがどうしてマジカルバナナかと言えば、「なぜ日本に来たんですか？」という質問を皮切りに、最後にはなぜか「国際社会におけるロシアと北朝鮮」について話していたりするから。流れるような進行で無理矢理感なくスルスルっと引き出してくれるので、話した僕自身も「俺ってこんなこと考えてたのか！」と気づかされることもしばしば。

そしてこんなとき、僕は宇宙の広がりについて思いを馳《は》せます。

すいません、「？」ですよね。僕、「宇宙は加速度的に膨張している」という定説が大好きなんですが、コミュニケーションにおいてもそれがうまくいった場合、まるで宇宙が広がっていくかのように、見えない次元で話がどんどん膨らんでいくような感覚を覚えるんです。

宇宙は無限ゆえ、すべてが等しく均一だといいます。中心も端っこも右も左もない宇宙が膨張し続けるように、会話もあらゆる方向に広がっていく可能性を秘めています。そしてそれは私たち人間にしかできない、非常に高度な楽しみの一つではないでしょうか。

そんな宇宙のように広がるコミュニケーションを目指す上で欠かせないのが、「訊《き》く」ことです。

質問という意味の「question」の語源である「quest」には、冒険という意味がある、と「はじめに」で触れました（「ドラゴンクエスト」の「クエスト」ですね）。クエスチョンを持つ、疑問を持つということは他者を知る冒険であり、自分を知る旅でもあります。

そんな冒険のはじまりに、簡単にできる質問ゲームをやりましょう。実際には相手のしゃべった言葉から質問を五つくらい考えてほしいんですが、ここではお題として、相手が【起業したい】と話したことにしましょう。

ではシンキングタイム2秒でどうぞ！

僕がパッと思いついたのはこんなところ。

・どうして起業しようと思ったんですか
・なにをする会社ですか
・いつから起業するんですか
・どうやって会社を立ち上げるんですか
・どこを拠点にしますか
・誰かパートナーはいますか
・成功したらやりたいことはなんですか
・社長としていつか謝罪会見を開きたいですか
・どんな問題を起こすつもりですか

五つと言ったのに、九つ書いてしまったし、なんならまだまだいけます！　でもこれは誰でもできて、少し練習すれば、どんな情報に対してでもすぐ質問が思い浮かぶようになります。会話においては、瞬時に思いついた質問の中からおもしろそうなのを一つ選び、訊いてみる（最後の二つはやめようね）。そして、その答えに対してまたさらに質問を五つ考えていく。そしてその答えにさらに五つ……ということを繰り返すと、会話の宇宙がみるみる広がっていくはずです。

「聴かない」と、「訊けない」

僕自身、イベントや講演会、授業なんかで「質問がある人いますか？」と尋ねることも多いんですけど、残念ながら手を挙げてくれる人はそう多くはありません。僕らよりも有名な人が出ているイベントであっても、誰も質問する人がいないこともあります。それに備えて〝さくら〟の質問者がいる場合もあって、そうして口火を切ってくれる人がいるとパラパラ挙手があったりもしますが、でもやっぱり、アメリカに比べると格段に少ないなと感じます。

小さい頃から質問を大切にする教育が行われているアメリカでは、授業は質疑応答形式が基本です。「こんなこと訊いてバカだと思われないか」と質問することに尻込《しりご》みしないよう、先生たちは子どもたちのどんな質問にも「それはおもしろい質問だね！」と、常に訊く姿勢を讃《たた》えてくれます。

ただし、訊く前に、相手の話をきちんと「聴」くことは欠かせません。質問の前に、話の要点や矛盾点を摑《つか》み、情報を精査する必要があるためです。

この点でもアメリカの保育園や小学校で行われている「show and tell」と呼ばれるスタイルの教育はとても理に適《かな》っています。園児や児童が自分の持ってきた物を皆の前で説明するもので、よくプレゼン力を鍛えるものとして紹介されます。でもプレゼンに対してクラスメイトがどんどん質問するので、「聴く力」と「訊く力」の両方を鍛えられるんです。

ちなみに質問大国のアメリカでは、「自分を信じなさい」という意味の「believe in yourself」はよく言いますが「believe people」、「人を信じなさい」とはあまり言いません。むしろ、"Don't believe everything you hear."（聞くことをすべて信じるな）と注意されます。聞くとき、信じるかどうかは「訊いて」決めるものです（訊きようがない「本」ですけど、ぜひ自分でもちょっと調べてみてください！）。

真実を追い求める「批判的思考」

前章の「聴く」では、相手の言葉やボディランゲージからその人の価値観や気持ちを感じ取ろうとしましたが、ここでお伝えする「訊く」では、積極的に情報を摑みに行く、確かめるということをしていきたいと思います。

そこで頭に入れておいてほしいのが、「批判的思考（クリティカル・シンキング）」という考え方です。文科省が推し進めている教育改革の柱の一つにもなっているので、知っている方も多いのではないでしょうか。

批判的思考とは、元々は真実を求める思考スタイルのことです。「これって本当かな？」とすべての物事に対して疑問を持ち、真偽を確かめる。相手の主張に、出てきたデータに、ネットニュースに、そして自分に対しても疑いの目を向け、常に点検する姿勢のことを指します。文科省が批判的思考の必要性を強調しても、「本当に必要なのか」と疑問を持つのも批判的思考！

最近、批判的思考を語るのにぴったりの出来事がありました。デビュー以来スキャンダルとは縁がなかった僕ですが、2019年の秋にちょっとした炎上に巻き込まれてしまったんです。

ことの発端は、とある政治評論家が地方新聞で書いた論説でした。その方はある報道番組で僕が「日本はホロコーストをやったドイツと同じ」という認識を示したとして、「パトリック・ハーランは許せない！」と訴えていたんです。

まさに寝耳に水！　だって僕はその番組でホロコーストの「ホ」の字も出していなかったし、日本とドイツが同じだなんて内容も一切話していませんでしたから（思ったこともありません）。

その報道番組で扱ったテーマは「東京五輪への旭日旗持ち込みについて」。そこで僕は、かつて国土地理院が訪日外国人向けの地図で寺を意味する万字マークを使わないことを検討したという話を引き合いに出し、「おもてなしという意味で、外国人観光客に対する〝旭日旗を持ち込まない気配り〟があってもいいのではないか」という趣旨の話をしました。万字マークが海外ではナチスを想起させるものだとは述べましたが、それが「日本はホロコーストをやったドイツと同じ」と誤解されたんです。

事実確認がされないまま記事が新聞に載り、この報道をSNSなどで言及した人たちの多くも同じように発言を確認せずに拡散し、結果いわれのない批判を数日にわたって浴びることになりました。とりわけ、僕がショックだったのは、その中には直接の知り合いもいたこと。シェアする前に「あれって本当？」とでも聞いてくれれば、誤解を解くこともできたのに……。

一方で、ネット上でも、その番組を確認しなおして、僕の発言をきちんと調べてくれて、パックンはそんなことは言っていないと発信してくださる方もいました。事実を示した上で判断してくれる人がいたことは本当にありがたかったです。

こうした検証や、後日の新聞による謝罪と訂正の記事があっても、残念ながら「パックンがそのような発言をした」と思い込んだままでいる人も少なくありません。自分がなにかを主張する時に、根拠となる情報源を自分の目で確かめるのは当然ですが、僕はこの一件を通じ、SNSで何かに言及するような場合でも、ちょっとでも「ん？」と思うことがあったら批判的思考を働かせ、情報源に当たるということを改めて肝に銘じました。

僕自身、正直まだまだ徹底できていません。たとえば先ほどの番組では、あたかも国土地理院が万字マークを外国人向けの地図からなくすような基準を作ったかのような発言をしてしまっていました。実際には検討の末、万字マークを使う場合には（temple）をつけるなどの表示を推奨する方針に変えていたんですが、勉強不足でした。反省しています。

第2章でバイアスの外し方について述べました。ちょっとした思い違いは誰にでも起こります。そして誤解して間違った情報を発信・拡散してしまうリスクは常にあります。だからこそ、私たちはバイアスがあって「話を聞けていない」という自覚をもって、そのためにいつも「あれ正しかったっけ」と立ち止まることを大切にしてほしいんです。

非難ではなく「指さし確認」のつもりで

たとえば、近年、嫌韓ムードが広がり、韓国に怒っている人はよく見ますね。日本と真《しん》摯《し》に付き合ってくれないし、大統領の側近は疑惑だらけ。そうだ！　そうだ！　あの国はけしからん！　……と、テレビの前の素直な思考の人は思うかもしれません。

でも、批判的思考を持つ人は結論付ける前に疑問をぶつけてみたり、ほかの例と比較したりします。

たとえば、ロシアに対する論調と比べてみましょう。ロシアは日本固有の領土を何十年も占拠しているし、真摯に交渉してくれそうにはないです。そして、大統領の側近どころか、本人も疑惑が山積しています（それも、大学の不正入学などではなく、多数の暗殺事件への関与といった、シリアスなもの）。でも、テレビでロシアに怒っているコメンテーターはめったに見ないし、安倍《あべ》さんがプーチン大統領と仲良くすることにはあまり非難の声はあがっていないように見えます。

この比較から疑問がわきませんか？　ロシアと韓国とは何が違うのか？　ロシアにやさしくて韓国に厳しい理由は？　この姿勢は得策なのか？　あるいは、パックンはなんでこんなにロシアに対する怒りを煽《あお》るのか？　お前にこそバイアスがあるのでは？　スパイだろ！

などなど、訊きたいこと、考えたいことが浮かんだら合格！　批判的思考を持って問題となる矛盾点をあぶり出し、結果として同じ結論にたどり着くとしても、自分の考えをもう一度審査してみてほしいんです。

西洋世界で有数の学者たちが、地球が平らだと疑わなかった時期は1000年以上続きましたし、地球はずっと静止しているとほとんどの人が思っていました。でも実際には地球は丸く、自転しながら太陽の周りを公転していました。みんなが当然だと思って信じていたことが、実は違ったんです。

僕の大好きなマックンはなにかにつけて「絶対ウマイ」とか「絶対間違いない」とかって言い切ります。「絶対」が口癖なんですね。でもそうやって断言されると、事実やデータを重視するめんどくさいタイプの僕は、「今、〝絶対〟って言ったな！」と、あら探ししたくなっちゃう。断言は一つでも例外があれば、論破できるから。マックンと話していると批判的思考がついついオーバードライブに入ってしまいます。

あ、でも、批判といっても、批判的思考は相手を「非難」することではありません！たしかに訊き方によっては責めているように取られてしまうこともあるので注意は必要ですが、批判的思考は決して攻撃なんかではなく、互いの「指差し確認」だと思ってほしいんです。怒って攻撃せずに冷静に、論理的に考えるのがポイントになります。

たとえばタクシーに乗ったら、普通は目的地を伝えてから運転手さんが出発しますよね。「とりあえず出して」と言うのはマフィアに追われている人だけ。親切な運転手さんだと行き先を伝えたとき、「ここから乗ると遠回りになるから、信号を渡って別のタクシーを捕まえたほうがいいですよ」「今はこの先で渋滞しているから電車のほうが早いかもしれませんよ」なんてアドバイスをくれることもあるでしょう。対話中に、互いの「目的地＝ゴール」を確認し合う作業が正しい判断への大きな第一歩です。

Why と How で相手の目的を知る

では実際に質問をするとき、どんな風に訊けば相手の目的を知ることができるでしょうか？

ここで先ほどやった質問ゲームを思い出してください。

・どうして起業しようと思ったんですか（why）
・なにをする会社ですか（what）
・いつから起業するんですか（when）
・どうやって会社を立ち上げるんですか（how）
・どこを拠点にしますか（where）
・誰かパートナーはいますか（who）
・成功したらやりたいことはなんですか（what if）

why、what、when、where、who、how の「5W1H」と、「もしも～だったら」の「what if」が質問になっています。

そしてこの中でも話が膨らみそうな質問が、「why」と「how」、そして「what if」です。「why」は行動の動機をずばり突く質問で、これが目的の確認には欠かせません。とはいえ、普段の生活では当たり前過ぎて省略されることも多いです。だってこれから映画に行こうとして「行こうか」と促されたとき、「なんで？」とは訊きませんよね。

あ、でも昔、「番組の収録後、みんなで飲みに行きましょうよ」と、あるプロデューサーを誘ったら、「なんで？」と訊かれたことがありました。「いや、あの、親睦《しんぼく》を深めたいだけなんだけど……だめ？」と、びっくりしすぎてタジタジになってしまった。このように、発動しなくてもいいところで「why」を繰り出すと感じ悪く取られかねないので、注意してください（ちなみに、結局説得して宴会が実現したら、プロデューサーが一番飲みました）。

また「why」を丁寧に重ねていくとモチベーションや価値観が浮き彫りになるので、相手も気づいていなかった〝最良の目的地〟が導き出せる可能性もあります。

A「どうして起業したいの？」
B「起業家ってかっこいいし、両親を喜ばせられるかなと思って」
A「そっかあ、親孝行は素晴らしい！　なんでそこまでして喜ばせたいの？」
B「働き詰めで苦労させたから、老後くらい楽させてあげたくて」
A「なるほど。じゃあ『社長』という肩書より、安心できる収入ってことが重要なのかな？」
B「そうだね。起業じゃなくても、ぶっちゃけ、稼げればなんでもいいのかもしれない」

時間も気力もいる作業ですが、相手が望んでいることを叶《かな》えてあげたいと思うなら、じっくりとしたいこと「what」の先にある理由「why」を訊いて、その先の願望を聴きましょう。

タクシーの運転手さんはふだん客に「why」を訊かないですよね。でも、訊くことができたら、たとえば「渋谷《しぶや》の西武《せいぶ》」という目的地だけではなく行きたい理由まで伝えることができたなら、「お客様、この近くにも西武が新しくできましたね」とか、「今、渋谷の西武はリニューアル工事中で閉まっていますけど」などの大事な情報を教えてくれることもありそうです。タクシーに乗って「こんにちは、渋谷までお願いします」「なんで？」は少し考えづらいですけどね。

しかし運がいいことに、ほとんどの会話は友人、ビジネスパートナー、交渉相手など、「why」と訊ける相手です。そして、交渉の場面などで自分のやりたいこととバッティングした場合には、「why」を相手だけではなく自分にも向けて、目的や価値観を確認しましょう。きっと互いにとって最大のメリットが生み出せる着地点を探ることができるはずです。

「why」ができたら次は「how」で、どうやってその目的を実現するのか、さらにそれに対して自分はどんな協力ができるのかを考えていきましょう。

嫌われずに「訊く」

子どもには「なぜなぜ期」があります。我が家でも息子が３、４歳の頃は毎日が「why責め」でした。

「早く歯磨いて」

「なんで？」

「もう寝る時間だから」

「なんで？」

「寝ないと朝起きられないから」

「なんで？」

「人間は睡眠が必要だから」

「なんで？」

「……早く歯を磨いて寝ないとお化けがくるから！」


最後はウソで脅す。そんな僕が、よくコミュニケーションとか子育ての本を書こうとするね。

「why」を重ねる大切さをここで読んだからといってこんな風に詰問する人はいないかと思いますが、先ほどちらっとお伝えしたとおり、「why」は言い方やタイミングに気をつけないと、一気に「やなヤツ」「めんどくせーヤツ」の仲間入りです。
たとえば、相手の出端《ではな》をくじくような「why」。

「いまこんなことやろうと思っててさ」
「なんで？」

これでは険悪ムード全開になってしまいます。たとえ「変なことをしようとしているな～」と思ったとしても、いったん相手の言葉を肯定的に受け止め、その上で理由を訊いてみましょう。たとえばこんな風に。

「いまこんなことやろうと思っててさ」
「それはおもしろいねえ。なんでそれをやろうと思ったの？」

批判的思考でも肯定的な口調が効果的です。
ちなみに、「why」は決してオールマイティではありません。問題の原因を追求しようとするときは少し気をつけましょう。

「なんで昨日までの納期を守れなかった？」

こんな責め立てるような訊き方では相手の防御スイッチをオンにしてしまい、「だって」という反発しか聞けなくなってしまいます。ここは「why」という、本人の意思も問われる単語より、むしろファクトだけで冷静に答えられる「what」がいいです。

「何がおきた？」「原因は何ですか？」

と、相手ではなく、その要因を責めることにする。「次回はうまく進めるために、どうしよう？」と、関係の継続を前提に、未来志向を「how」で示すのも大事です。

ハリウッドスターからも絶賛されたパックン流インタビュー

インタビューされることが多いと書きましたが、実は僕が聞き手になることも少なくありません。

その中でも多いのが、映画のプロモーションで来日したハリウッドスターの取材です。大体都内の高級ホテルのスイートルームで行いますが、待ち時間に隣の部屋で待機しているとインタビューの様子がよく聞こえてくるんです。そこで気になったのは、みんな同じような質問ばっかりしていること。

番組が違っても、スタッフから出される質問案は似通ったりします。例えば、ちょっと前までは「日本の女性をどう思いますか」っていうのが本当に多かったです。これを訊いたところで相手は「素敵だと思います」みたいなことしか言いようがないですからね（本当に素敵だし！）。おもしろい答えが出る確率が低いし、相手が喜ぶような質問でもないでしょう。だから僕はなるべく、相手が話したそうな方向に話をもっていくように心がけています。

２０１９年1月に、ヒュー・ジャックマンをインタビューしたときは、彼が映画で政治家を演じているし、今のアメリカ政治について話したそうだったんです。なので、政治の話題を振りながら、彼の表情や身振り手振りから熱を感じる話題をさらに深掘りするよう、質問を重ねていきました。

おかげでとても楽しんでもらえたみたいで、「ヒューがあんなにイキイキしゃべっているのははじめて見た」と、ヒュー側のスタッフからお褒めの言葉をいただきました。

とはいえ僕だって仕事でインタビューをしていますから、依頼された番組の意向から外れた質問ばかりするわけにはいきません。例えば「日本の女性をどう思いますか」を依頼された場合には、「日本からアメリカに持って帰りたいもの、文化はありますか」「直接お会いになった中で印象に残った日本人はいますか」など、日本を切り口にして少し角度を変えた質問に切り替えます。

渡された質問事項の紙は事前に目を通したあとは見ないし、「次の質問はですね……」とかも一切言いません。「why」や「how」など、会話が膨らみそうな質問で相手の話したい方向に持っていきながら、番組のほしい情報からも遠ざからないよう、多少コントロールする。そうすると「取材」というより自然な「会話」にしか感じないので、相手も「このインタビュアーは仕込みではなく、本当に興味、関心を持って対談してくれてる」とわかって、盛り上がるんです。

基本、どの会話も同じ方式でやれば成功するはずです……。と、自慢している僕ですが、質問と関係ないアルコール依存症の過去について10分間しゃべりまくったあの人や、空腹状態で時差ぼけのあの人など、苦戦したインタビューもありました。そして批判的思考を理解した皆さんの前では、１００％成功すると、僕も断言しないでおきましょう。

「訊」いて回って支持を得た小泉進次郎

次期首相候補と目され、38歳で環境大臣に就任した小泉進次郎《こいずみしんじろう》さん。彼が入閣したことで内閣支持率は50％を超えたとも報じられていましたが、小泉さんが国民の心を摑んだのも、実は「訊く」力が大きいんです。

その秘密は、小泉さんの地方遊説によく現れています。

「日間賀《ひまか》の皆さん、こんきいずらにこんなにようけ来てくれておおきんね」
「高松《たかまつ》の皆さん、何がでっきょんな」

遊説の冒頭では、小泉さんは基本的にお国言葉で挨拶《あいさつ》します。地元の人たちはそこでまず心を摑まれるわけですが、さらにその土地の名産品や有名な飲食店の話をし、実際に食べたこと、体験したことを披露し、〝僕はあなたたちに寄り添っていますよ〟という姿勢をアピールします。これで聴衆は一気に小泉さんを好きになってしまうんです。

小泉さんのリサーチ力、すなわち「訊く」力が、小泉流の〝お・も・て・な・し〟になっているんですね（彼の奥さん風に言ってみました）。

彼は応援演説などで地方に入るとき、地元の人が好きな食べ物、お店、風土や歴史などを下調べし、演説の前日には実際にその店に足を運ぶことも多いそう。もちろん、彼のスタッフたちが手分けしてやっていることも多いでしょうが、相手の懐に入るため、訊いて回って努力をしていることは確かです。

訊いて培った演説の上手さと高いコミュニケーション能力で人気者になった小泉さんですが、大臣になって以降は雲行きが怪しくなってきています。魅力であるはずの当意即妙な受け答えが、裏目に出ることが多くなってしまったんです。

２０１９年の秋にニューヨークで行われた国連気候行動サミットの関連イベントの記者会見では、気候変動対策について「セクシーであるべき」とスピーチしたことがやり玉に挙げられました。

「セクシー」という単語は別の参加者の発言を引用したものだし、英語では「セクシーな税制改革案」というような感じでよく使われる表現です（日本人が思い浮かべる性的なニュアンスではなく、魅力的といった意味ですね）。アメリカ人の僕からすれば、言葉選び自体はそんなに悪くない。

問題の本質は、これまでとの立場と課題の違いにあるように思います。

「介護問題、どうにかしなくちゃいけない」「地方活性化は急務です」などと国民の気持ちを代弁し、その場で共感を得たり盛り上げたりすれば良かったこれまでと違い、大臣の立場では問題に対して具体策を示さなくてはいけません。しかし、小泉さんから環境問題に対する具体的な方向性は示されていない。もしかすると、具体案を出さなくてもいい立場に慣れてしまって、ほとんど考えてこなかったのかもしれません。

さらに環境問題は対策が「セクシー」じゃなくても、絶対に取り組まなくてはいけない不可避なもの。語り口の軽妙さが魅力だった立場での「セクシー」は歓待されたかもしれませんが、地球が直面している一番大きな問題に立ち向かう日本代表としての「セクシー」は、ちょっと立場を見誤った発言だったように思いました。加えて前日にステーキを食べに行ったことも、環境問題における昨今の牛肉消費へのさまざまな見方を知っていれば、避けた選択肢だったように思います。

そこで「訊く」ことに長《た》けた小泉さんにはぜひ、自分の置かれた立場を己の心に「聞く／hear」ことをおすすめしたいと思います。

だまされないために「訊く」

訊き方で評価されるといえば、池上彰さんに「いい質問ですね」と言われたら嬉《うれ》しくないですか？　「核心を突けたんだ！」と、僕は小躍りしたくなります。いい質問は、相手にも気づきを与えます。それこそが真実を求める批判的思考の真骨頂とも言えるでしょう。

そんな核心を突く質問をするためには、情報を精査する力が必要です。相手の発言は正しいのか？　パワポにあったエクセルの表は本当なのか？　骨のいる作業ですが、一つひとつ精査していくことで、隠された真実や抜けている前提条件などを発見できるかもしれません。そして何より自分自身が、その情報にだまされていないかを確認することができます。自分を守り、成長させてくれる考え方が、批判的思考なんです。

「データ」でもまず疑ってみましょう。と、いうのも僕らが受け取っている「データ」は原材料ではなく、発表する側が伝えたいことに合わせてうまく調理したものが多いからです。

政府の発表でも簡単に鵜呑《うの》みにしてはいけません。特にそれがトランプ大統領の率いる政府では、ね。無数の例がありますが一つだけ「調理法」を紹介しましょう。

まずは背景。トランプ大統領はかつて、温暖化は「中国がアメリカの製造業の競争率を下げるためのでっち上げだ」と公言していたし、基本、温暖化を信じないタイプです。当選後に同じく温暖化否定派の人を環境保護庁長官（！）に指命しました。その環境保護庁（ＥＰＡ）が将来の環境問題に関する見通しを報告書として発表したデータを取り上げます。

この件ではデータの改ざんが行われたわけではありません。もちろん、ワシントン・ポストによると、就任してから真実に反する発言を、１日に平均で13回も発している大統領だから、ウソにも気をつけないといけないんですが（２０１９年8月時点）、これはもっと高度な手を使ったものです。

通常であれば政府は世界の権威ある研究所や学会のデータを丸ごと引用したり、少なくとも権威のコンセンサスを掲載したりするはずです。しかし、トランプ政権のEPAは報告書に「えりすぐり」の情報しか使いませんでした。というのは、温暖化によって地球はどうなるのか、60年、100年先の見通しのデータもありますが「40年先」のデータまでしか載せなかったんです。

地球温暖化問題というのは現在のコンセンサスではだいたい「100年後」にその影響が出てくると言われているため、40年後までの予測数値では、今の気温や水温とそこまで差が出ません。つまり一見すると「なーんだ、まだまだ地球って大丈夫じゃん♪」と思い込まされてしまう〝楽観的データ〟に仕立て上げられていたんです。規制緩和を遂げたい企業向けの大統領にとっても、車移動を控えたり、省エネを心がけたりしたくない消費者にとっても「美味しい」ものです（実際に調べて事実がわかると後味が悪いですけど）。

食生活を考えるとき、年単位で考えずに、たいして変わらないはずの1週間後の予測体重にスポットを当て、「毎日3食ラーメンにドーナツをトッピングして食べても大丈夫」と思わせるようなトリックです。

こういった自分の主張したい部分だけを切り取って見せる手法を「フレーミング」と言います。フレーム、つまり注目してほしい部分に〝額縁〟をつけるというコミュニケーション術の一つです。

石炭鉱業や製造業の労働者を優遇して、彼らの支持を得ようとしているトランプ大統領は、「環境よりも雇用を守るんだ！」と声高に主張しています。その主張を裏付け、強化するために「地球温暖化なんて全然問題ないよ」と見えるデータを揃えて、皮肉にも「環境保護庁」から発表させたのです。

こんなデータを出してきた報道官に対して僕が質問をできるなら、「掲載されていない40年後以降の気温はどうなりますか？」「１００年後以降の気温の変化を試算したデータは存在していますか？」とぶつけたいです（ヒューに対する「おもてなしインタビュー」とずいぶんスタイルが変わりますね）。

このように、批判的思考を持って質問する際のコツとして「スケール意識」と「比較対象」が有効です。フレーミングされていた環境保護庁のデータも、それだけでは良いのか悪いのか、正しいのか正しくないのか判断がつきません。地球温暖化を考える上では、40年後のデータはスケールが小さいからです。政府は意図的にそこにズームインしていますから、見ている側は60年、１００年と、ズームアウトする必要があります。地理的にも一か所だけのデータを紹介されたときは、それを理解するために、大陸、地球に規模を拡大しましょう（もちろん、トランプ政権だけではなく、政権に批判的な映画監督であるマイケル・ムーアの最新作にも、はなはだしい「ズルいズームイン」があります）。

このスケール意識が大事になるのは恐怖を煽られたとき。例えば、「○○すると、○○になる確率が○○倍に上がる」というロジックをよく見ませんか？　喫煙や飲酒などの行為の危険性をよくこれで訴えています。太りすぎ、飲みすぎ、運動不足などもそうですね。このパターンに慣れているから、そのロジックをあまり疑いません。

でも、たとえば「パックンの本を読むと、慢性的な横隔膜の強直性痙攣《けいれん》をおこす確率が3倍上がる」とか言われたら、とりあえず疑いましょう。まず慢性的な横隔膜の強直性痙攣ってなに？　1か月間しゃっくりが止まらない状態です。そこでスケールを考えましょう。そもそも、そうなる確率が（低すぎて正しい数字はみつかりませんけど）0・00001％だったりすると、パックンの本を読んでもそれが0・00003％に上がるだけ。「3倍」にズームインすると怖いけど、同等の意味に当たる1億人に3人というと、たいして怖くないでしょう？　同じデータですが、反パックン勢力に意図的に調理されているんです。

というか、そもそもパックンの本を読んでいる人数が少なすぎるから統計として成立しないはずですね。やかましい！

次は比較。たとえば、先ほどの1億人に3人という数字がピンとこないようでしたら、他の出来事と比べてみましょう。

たとえば日本で雷に打たれる人は年間20人ぐらい。20人と聞くと結構いるような気もしますが、人口1億2000万人として、確率でいうと0・00016%、つまり1億人に16人ほどになります（さらに登山中など雷に打たれやすい条件を見ていくと、普通の生活をしていて雷に打たれることはまあありません）。それに匹敵するぐらい少ない確率です。

普段から僕は「比較」が好きで、よくいろんなデータを調べます。

最近もニュースで凶悪事件をよく見る気がしたので、日本国内における年間の殺人事件被害者数を調べてみたら、915人でした（2018年）。殺人の被害者は一人でも多すぎるとはもちろん言えますが、この数字がピンとこないなら、比較しましょう。僕の来日した翌年、1994年の数字を見てみると、1321人でした！　僕が来たおかげか、日本の治安がますます良くなってる！　ということが、過去のデータと比べることでわかったんです。

さらにこの数字をアメリカと比べてみるとどうでしょう。人口は日本の約2・5倍ですから、2500人くらいでしょうか。いえいえ、正解は年間1万6214人が殺人事件で命を落としているんです。でも、それも94年の2万3326人からだいぶ減りました。僕が日本に来たおかげかアメリカの治安も良くなっています。

最後に、言うまでもないかもしれませんが、複数のソースのデータも比較しましょう。トランプ政権の数字だけではなく、世界保健機関（WHO）、世界気象機関（WMO）、日本の気象庁のデータなども参考にすると、やはり少し省エネをしようという心づもりになります。

とにかく、さまざまなものと比較することで情報を精査することができ、データが指し示す意味をどんどん深掘りできるんです。

おまけにもう一つ批判的思考のコツをお伝えしましょう。それは極端に膨らませて考えること。

これはよくお母さんが子どもを叱るときに使う手法ですが、「ポイ捨てしちゃダメ」と指摘するより、「みんなが街中にゴミを捨ててしまったらどうなる？　ゴミだらけの街で暮らしたい？」と、一つの行動がもたらす結果を極端に膨らませて考えてみる方法です。「もしみんながキセル乗車したら、鉄道会社が潰《つぶ》れてしまうかもしれない。じゃあ電車が走らなかったらどうなるのか」と、大袈裟に膨らませてみる。正確にいうと、これは誤謬《ごびゅう》、つまり論理学的に成立しない、議論に使うとズルい手ではあるんですが、この考え方で法則や行動と結果の関係性がよく見えてきます。「みんながやったらどうなるか」や「毎日やったらどうなるか」は批判的思考の一つとして（そしてまだ論理学に触れるには早い子どもを説得するために）結構役に立ちます。

説得の三要素「エトス」「パトス」「ロゴス」

自分にとって都合のいい情報だけに額縁をつける「フレーミング」をはじめ、話術にはさまざまなテクニックが存在します。それを知っていればだまされないし、相手の矛盾を突くこともできます。聞き手（訊き手）としてもテクニックを把握すると強い！

ここで古代ギリシャの哲学者であるアリストテレスが名著『弁論術』のなかで説いた説

得のための三要素である「エトス」「パトス」「ロゴス」を軽くご紹介します。この三つは僕が東工大などでの授業で真っ先に教えているし、講演会やセミナーでも必ず取り上げるし、『ツカむ！話術』ではこれらを使った伝え方について多くのページを割いています。

「エトス」「パトス」「ロゴス」はコミュニケーションを学ぶ上での基礎中の基礎です。

古代ギリシャ語ですが、パックン流に訳すと「エトス」「パトス」「ロゴス」は「人格」「感情」「言葉」が当てはまります。

人格を表す「エトス」は、経歴や実績、人柄といった、「この人は信用に足る人だ」と相手に思わせる要素全般を指します（日本語では「エートス」という言い方もされます）。たとえば今こうやって僕の本を手にとってくれているのは、「ハーバード大出身」の「芸能人」で、「池上さんの番組でのコメントがすごい」「『朝生』でもいいことを言っている」「前の本もおもしろかった」といった、これまでのキャリアや経歴から僕を信頼してくれたからではないでしょうか？　そして、ここまで読んできているので、皆さんは正しい判断をした人（あるいは買った本を最後まで読まないと悔しい人）だとわかりますね。お見事！　拍手！

話の内容だけではなく、その場の「空気感」や「雰囲気」、服装やしゃべり口調なども

「エトス」の一部です。たとえばランニング、ステテコにビーチサンダル姿の人が生命保険を売りに来ても、心の扉どころか、玄関のドアもなかなか開けないでしょう。伸ばした言い方である「エートス」は時に空気感といった訳を当てられますが、まさに言葉を発する人の「舞台演出」全体がエトスに影響します。

「パトス」は、感情を使って相手を動かす力。ここまで何度も出てきた「エンパシー」や「シンパシー」と同じ語源ですが、「子どものためにぜひ」と家族愛に訴えたり、「今日ここに集まった人だけへのスペシャルキャンペーン！」と特別感を与えたり、「あんなウソつきを野放しにしていいのですか」と正義感を掻《か》き立てたり、こういうものは全部パトスを使った説得術です。

悔しいですが、トランプ大統領はパトスを活用した話術に非常に長《た》けています。「Make America Great Again（偉大なアメリカを再び）」と、愛国心を煽るだけではなく、リベラルや民主党への怒り、移民への恐怖、白人の優越感などなどの感情をうまく利用しています。だからこそ彼の集会では、ロックコンサートや宗教の祭事などでしか見ないような感情の渦が巻き起こります。そして、集会に出た人は宣伝、運動、投票もします。キケロの３Ｋを思い出してほしいんですが、元々考えが近い人に対しては、気持ちを盛り上げることで人を動かすことに直結させることができるんです。

最後の「ロゴス」は、言葉の力を使ったコミュニケーションテクニック。「へ？　ロジックとは違うの？」と思う人も多いかもしれません。もちろんロゴスのなかにロジックも含まれますが、イコールではありません。必ずしも論理的でなくても、言葉の響きがきれいだと人は思わず納得してしまったりすることがあります。日本人は理路整然としゃべるのがうまい人は多いんですが、そういう人たちでも言葉に磨きをかける余地はまだまだあるので、そっちのお手伝いに僕は集中したいと思います。

言葉遊び、ダジャレ、リズムなどをうまく使えば印象に残り、相手の心により深く訴えることができます。日本語でも英語でも同じ意味の上に韻も踏んでいる「インテル、入ってる（intel inside）」、短く言い切る「結果にコミットする。」、喩《たと》えの絶妙さと意外性で気を引く「お口の恋人」、言い方でインパクトを与える「伯《は》方《かた》の塩」「お・も・て・な・し」……広告などのキャッチコピーはロゴスをうまく使ったものが多いですね。

この本の「聞く・聴く・訊く・効く」もロゴスのスコアが高いはずです。このキャッチーな「4きく」で、売り上げも影響も大きく変わるでしょう（ちなみに、この「4きく」ダジャレのロゴススコアは極めて低いです）。

話の説得力を高める
エトス・パトス・ロゴス
テクニックの例

エトス　「人格」による説得

「コモンプレイス」を盛り込む
個人の経験や思いを語る
立場や権力、語る根拠を示す
自分のキャラクターに合った話し方を考える
ユーモア（特に自虐ネタ）を取り入れる

パトス　「感情」による説得

愛国心を煽る
子ども、弱者への同情を促す
不公平さやずる賢さ、非道徳的な行為への怒りを露わにする
英雄への誇らしさを想起させる

ロゴス　「言葉」による説得

比喩
繰り返し
比較
簡潔明解な言葉
対照法（意志の強い人、意志の弱い人など対極の言葉を出しながら話す）
呼びかけ
３の法則（見ざる聞かざる言わざる　など三つで一組のフレーズを使う）

「エトス」「パトス」「ロゴス」という話術の三つの要素を覚えましたが、この中でも特に大事なのが、エトスです。その人に対する信頼がなくなってしまうと、いくら感情を煽ろうと、うまい言い回しをしようと、相手を説得して動かすことはできません。

ちょうどいい例があります。

すでに芸能生活20年超になる僕ですが、駆け出しの5年目ぐらいの頃でしょうか、ちょっと勢いがついてきてブレイクの兆しが見えつつあったとき、芸能界の大先輩からアドバイスをもらったことがありました。

「あなたは顔もいいし、声もいい。そして頭もいい」

そんな風に僕のことを評価し、最後には、「あなたは日本で収まる器じゃない。だから早くハリウッドに行って世界デビューした方がいい」とまでアドバイスしてくれたんです。

普通だったら納得してすぐアメリカに帰るはずです（だって全部本当のことでしょ！）。でも僕はそのとき、決して動きませんでした。なぜかというと、それを教えてくれたのが……デーブ・スペクターさんだったから。

同じように、僕は前から厚切《あつぎ》りジェイソンさんに「あなたはすごい才能の持ち主だから、お笑いよりIT企業の仕事に専念したほうがいい」と、相手を思っておすすめしているんですが、残念ながらまったく話を聞いてくれません。

このように少しでも利己的な部分が垣間見《かいまみ》えるとエトスがぐんと下がって説得力がなくなってしまうので、注意が必要です。

また、聞き手として注意しないといけないのは、話し手の動機があやしくても言っていることが正しい場合もあるということ。僕もあのとき、相手ではなく、内容を審査することをすっかり忘れていました。まあ、大好きな妻に出会えて、最高の子どもたちに囲まれて、素晴らしい国で暮らせているので、ハリウッドデビューしなかったのを後悔はしてないけどね。あんまり。

疑問をぶつけるときこそ柔らかさが大事

批判的思考においては、逆の意味でもエトスに気をつける必要があります。自分が信頼する人から「この商品いいよ」とすすめられると、「あの人が言うなら間違いない」と思いがちですよね。しかしここでもメッセージと人格を切り離して、その言葉だけを審査する必要があります。

批判的思考は、第3章でお伝えしたセラピスト的な「聴く」姿勢とはまったく違い、真実を追い求める強い姿勢が必要になります。でも決して揚げ足取りではないし、非難や糾弾でもありません。

空気を読むことに長け、少ない言葉から相手の気持ちを察することができる日本人は、ヒアリングやリスニングはとっても上手です。でもどうやら苦手なのがクエスチョニング、特に批判的思考を伴った質問をすることのようです。

まるでバーゲンセールで一番に品物を手にした人が勝者に見えるように、最初に誰かが強い見解を示すと、反対意見も質問もないまま、それが出席者の総意になってしまう。そんな「言ったもん勝ち」がしばしば見受けられます。

相手の気持ちに共感することはとっても大事なことですし、コミュニケーションの基本なんですが、エンパシーとシンパシーばっかりで話が全然進んでいない会話も多い気がします。居酒屋で慰め合うサラリーマンとかね。

また、出る杭《くい》になることを恐れたり、質問することで相手と敵対関係になってしまうことを恐れる人もいます。「こんな質問したらプレゼンした部長に恥をかかせてしまうかも」なんて声もあります。

そんなときは、たとえば「このグラフ、とても興味深いですね。ちなみに、この前後がどうなってるのかわかりますか？」とスケールをズームアウトしたい意図を柔らかく伝えましょう。相手が答えに窮したら「大丈夫です。あとで調べます」と言えばいいし、立場次第では「あとで一緒に調べてもらってもいいですか」でもいいでしょう。会議を中断するのが気になるようであればあとで訊きに行ってもいいです（本来、会議はこうしたやりとりがあっていいはずですが）。

僕は家に来た訪問販売の営業マンにもいろいろ訊きます。この前は牛乳屋さんが「これ本当にすごいんですよ」とあるヨーグルトを熱くすすめるから「へえ、すごいですね！ちなみに、データはどこ調べのものですか？」と訊いてみました。一瞬、「給料は歩合制なの？」とも訊こうかと思ったんです。

でも、たとえ歩合制であっても、営業マンの自己利益が絡んでいる売込みでも、情報は正しいかもしれません。デーブ・スペクターさんの話を思い出し、メッセージとメッセンジャーを切り離して考えないと！　と思い直して、我慢しました。結局ヨーグルトは買わなかったけどね。

質問で相手に不快な思いをさせないかハラハラしてしまう方。もしかしたらそれはあなた自身が、訊かれたことで非難されたような気分になったことがあるのかもしれません。また、自分の意見とは正反対のことを言われてムッとすることもあるでしょう。

ヨーグルト事件、スペクター事件でわかるように、発言と人は別々に審査するべきですが、質問を受ける際もまったく同じことが言えます。尋ねられたからといってあなたの人格に疑いがかけられたり、イチャモンをつけられたりしているわけではなく、発言に対する〝真偽〟だけが問われていると考えましょう。

言うまでもないですが（結局言います！）、誰もが発言や質問とその発信者を切り分けて考えられているわけではありません。むしろそれらを一緒くたにして他人を評価している人が大多数です。だからこそ、自分が話をする際には、自分自身が信頼できる人間であると語って「エトス」を上げ、説得できる可能性を高めるのが効果的です。そして感情を揺さぶるような「パトス」を用いて、言葉遣いに磨きをかけ「ロゴス」が響く表現をしましょう。

けれども、聞き手に回る際には、うっかりだまされないために、言葉と人格を分けて考え、過度に感情に訴えてきていないか、聞き心地がよい響きだけで議論を進めていないか、データをおいしそうに調理していないかを冷静に分析する必要があります。話し手の人格に関係なく、発言が批判的思考の審査を通ったら、思い切りおいしいヨーグルトを買ったり、ハリウッドデビューをしたりしましょう。

発言するときこそ「そんな自分も」を意識する

相手に対する質問を批判と捉《とら》えられないようにするには、この本のここまでの部分を読み聞かせしてあげるのも効果的……ですが、もう少し手軽な方法をご紹介しましょう。訊く前に、「その通り」をつけてみてください。「その通り」と、相手の意見を肯定的に受け取ったサインを出すだけで、その後の質問がぐっと柔らかくなる魔法の言葉です。その後に反論気味なことを言っても、相手の気を損ねない確率がぐんと高くなります。

「施工会社からの見積もりが出揃いまして、A社がもっとも工賃が安くすむことがわかりました」
「その通りですね。しかし工期の記載がないんですね。おわかりになりますか？」

「空き巣被害が多発しているので、町内の防犯対策を強化したいと思います」

「その通り。住民の安全が一番！　ちなみに、そのデータ、いつのものでしたっけ」


こんな感じで、相手の提案や意見をはじめに受け止めるだけで角々しさがなくなります。

「その通り」の部分だけ隠して読んでみると、その違いは歴然です。

ついでに紹介すると、二つ目の「その通り」は防犯対策を強化することに対してか、その裏の意味である「住民を守る大切さ」に対してか、どちらに賛成しているかがあやふやなんですが、効果は一緒。これも便利な技！


さらに覚えていただきたいのが、「そんな自分も」です。

批判的思考においては発言やデータだけでなく、自分自身も点検の対象になります。周りには厳しく真実を追求するくせに、自分の発言や思考が矛盾だらけだったり、自分のデータも調理済みだったりすると誰にも信用されなくなってしまいます。というか、ただのやなヤツです。

自分が間違っている可能性を頭に入れておくという意味でも、なにか言う前には「そんなお前も」と自分に問いかけて少し立ち止まる癖をつけるといいと思います。

僕は討論番組の司会やコメンテーターとして出演させていただくたびに、「そんなアメリカ出身で白人のお前が、人の国のことを語れるのか？」と常に自分に問いかけています。特に政治的な発言をするときは自分自身の立場や過去の見解などを振り返って、矛盾などがないように気をつけています。

また、「こういうことじゃないですか？」や「……という声があってもおかしくないですよね？」といったように、主張を疑問文にしたり、第三者的な指摘のような言い回しにしたりすることが多いです。逃げ道を作るズルい手と思われるかもしれないですが、僕はほとんどの分野において「オーソリティー」ではなく、「一緒に考える人」という位置づけだと自覚しています。自分の「思います」を付けて伝える。へたに言い切ってしまうとあら探しの対象になりやすいので（マックンと違って）僕は「絶対」を絶対に使いませんよ！　あっ！

自分にだまされないために

批判的思考の大事な役割の一つに、「自分が自分をだましているかもしれない」という、自分の常識を疑うことを挙げました。

そこで、相手に向ける「why」を、常に自分にも向けましょう。どうしてそれをしようと思ったのか。本来の目的は何だったのか。相手に問いただす中で、自分の価値観も常に見つめ直してください……と、言うは易く行うは難し。なので、その手助けになる名著を最後にご紹介します。

『予想どおりに不合理』（ダン・アリエリー著／早川書房刊）は、人が決断するさまざまなことには、どんなことが影響しているかを教えてくれる、行動経済学のバイブル的な一冊です。

この本に載っている問題ですが、上の黒い円と右の黒い円、どちらが大きいと思いますか？

真ん中の二つの円、
どちらが大きい？

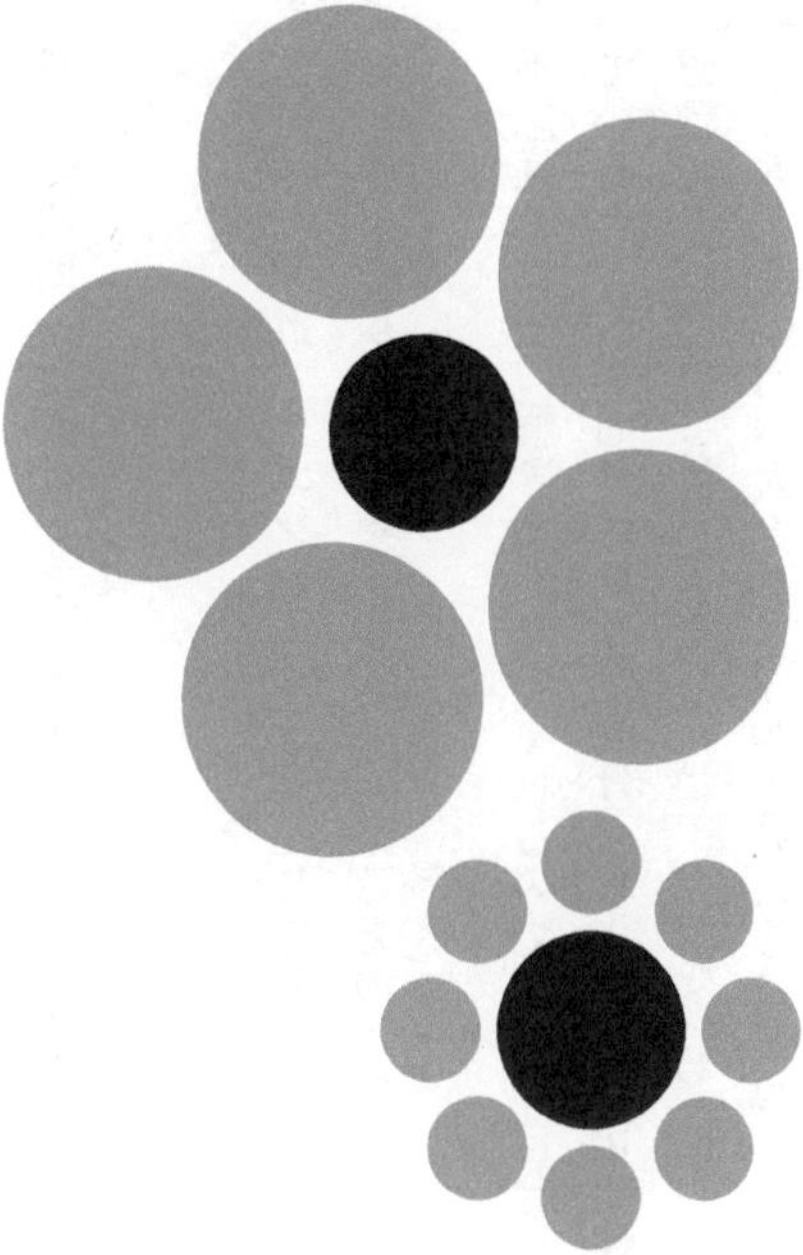

ダン・アリエリー『予想どおりに不合理』
（熊谷淳子訳・ハヤカワ文庫NF）
P34 より。

答えは同じ。でも、周りの円の大きさによって小さくも大きくも見えます。

著者のダン・アリエリーが研究しているのはまさにこの図のようなことで、周囲の環境や条件などによって我々の決断や行動はいとも簡単に変わってしまうことを教えてくれます。

100万円貯めると誓った翌日、ワゴンセールを発見して買い物してしまった。

食べたくもないのに、タダで貰《もら》えるお菓子が置いてあると取ってしまう。

本の中でこれらの不思議を見事に解き明かしてくれるのですが、自分自身が、自らの意思で決断したと思っていることも、周りにそう仕向けられて決めた可能性がある。そんなことを意識しておくだけでも、〝だまされやすさ〟はずいぶん変わってくるはずです。

まあ錯覚だと意識しても、あの円の大きさは違って見えるけどね。

第5章

「聞き方」で「効き方」が変わる ——effect

「聞くことは考えること」にほかならない

約170ページをかけ、ここまでずっとひたすらに、いろんな「聞き方」の話をしてきました。

そしてすべての章で僕が伝えたかったことのキモは、「聞き方を変えると、あなたが変わるよ」ということです。

「聞く」をテーマにした本を書きたいと思ったとき、マネージャーに相談したんです。すると彼女は、こう言いました。

「〝聞く〟って〝話す〟より、弱い感じがするんじゃない?」

ハッとしました。そうなんです。どうしても聞き手は受け身の態勢に思われがちだし、プレゼンでも取材でも交渉でも、ほとんどの場面において弱い立場に見えがちです。ましてインターネットとSNSのおかげで全人類が表現者となった今、発信するスキルばかりが取り沙汰《ざた》されています。

そんな状況でなぜ僕は「聞く力」を重視するのか。それは「聞くことは考えること」にほかならないからです。

友人である子育て中のお母さんが先日、「うちの子って聞き分けはいいんだけど、全っ然、話を理解していないの」とこぼしていました。息子が悪いことをしたので叱ると、その場ではしおらしく「わかった」と答えるそうですが、その後も同じようなことを繰り返すんだそうです。「黙ってうんうん聞いてれば説教は短くすむ」くらいにしか考えていないので、中身なんて聞いてやしない、ということなんでしょう。

これはわかりやすく「右から左に聞き流す」案件ですが、そのお母さんがさらに頭を抱えていたのが、彼の勉強の仕方についてでした。

「勉強しなさい」と言えば素直に問題集を開くものの、なぜかテストの点数はずっと低空飛行。なんでだろうと思ってお母さんは息子の勉強の仕方をよーく観察してみました。

するとわかったのは、彼は宿題を全部流れ作業のようにやっていたということ。例えば、「ごんべんの漢字」を練習するときは、まず全部のマスに「ごんべん」の「言」だけを書いておいて、そのあと1個ずつのつくりを書くんだそうです。言…言…言…の隣に　舌…周…尺…と書いて、話、調、訳を作ったりするということ。速いだろうけど、組み合わせた漢字はまったく覚えていない！

これと同じようなことは、英語ができないと言っている人の一部にも共通します。たとえば「付加疑問文」なら「付加疑問文」の問題をひたすらやる。そして次は「関係代名詞」をずっとやる。「お題」に合わせて問いているから穴埋めができているだけで、文章として捉《とら》えられていないようでした。

見聞きした情報を自分のものにするには、その意味を自分の中で咀嚼《そしゃく》して考えなければなりません。

本当の意味での学びにするためには、インプットした情報を自分の頭で応用し、アウトプットすることが大事です。参考書で学んだ文法を使えば、海外の友人にメールを送れます。海外に友人がいなければＳＮＳで作ることもできます。友人やテレビなどから得た情報やニュースの真偽を精査し、自分なりの解釈や意見が持てれば、それだけで発信する人になれます。

得た情報は、一度自分の中で考える。疑ってみる。角度を変えて捉える。このプロセスを経てこそ情報が自分のものになってきますし、繰り返すとただのインフォメーションだったものが己の血肉になり、深い理解につながる。ひいては、世界の見え方、触れ方が変わるはずです。

これからの社会では、人工知能で代用がきく単純作業や計算ではなく、機械にはできない思考やアイデアが求められます。批判的思考が教育改革の柱に置かれている理由もまさにここにあります。おそらくあなたは文科省の管轄下にはいないでしょうけど、自分の「学び直し」を志すことはもちろんできるはずです。

第5章で伝えたい最後の「きく」とは、聞き方を変えることはあなたの人生を変える、すなわち人生に「効く」ということです。

自分の殻を破る批判的思考

第1章で、バイアスを外して本当の自分を知る聞き方を紹介しましたが、批判的思考においても、新たな自分を発見することができます。

やらなきゃいけないことがてんこ盛りなのに、どうにもやる気が出ない。誰でも経験があるでしょう。そんなときは自分を「ダメな人間」と責めるのではなく、批判的思考を発動させてみるんです。

仕事しなきゃいけない。勉強しなきゃいけない。学校に行かなきゃいけない。領収書の整理をしなきゃいけない。雨樋《あまどい》の掃除をしなきゃいけない。配偶者の実家に行かなきゃいけない。まったく解せない大統領の行動を視聴者に解説しなきゃいけない？……今自分が嫌だと思っていることを、深掘りして考えてみましょう。

「実家に行くのがめんどくさいのになんで行くの？」「それは……奥さんを喜ばせたいから」「なんで奥さんを喜ばせたいの？」「それは……結婚生活を続けたいから」「なんで結婚生活を続けたいの？」「そう決めたし、いろいろ大変でもこっちの方が幸せだと思うから……」と、自分が選択した道を何度でも、いつでも振り返ってみましょう。そうすることで、そもそも自分は何をしたかったのか、何を目指していたのか——そんな根源的で、大切な動機を思い出すことができるはずです。

自分が選んだ選択と思えれば可能性は広がる

よく考えると、このプロセスは第４章で伝えた、価値観を知るために使われる「訊《き》き術」ですね。話が膨らむ動機が見える「why」を自分に問いかけることです。

そして、最後まで問い続けると、たどり着くところに自分の選択や希望、欲望が待っているはず。その瞬間、「need to」や「have to」を「want to」に変えることができるんです。

「need to」や「have to」というのは、「〜しなきゃいけない」という意味で、やらされてる感じの受け身の言い方です。でもこれを「want to」に変えると、「〜したい！」という、前向きな気持ちを表す言葉になるんです。行動も、他人に押し付けられているのではなく、自分の希望を満たすために自ら選んだことだと確認できます。つまり「受動態」から「能動態」に変わります。

「妻の実家に行かなきゃいけない」は「(自分が選んだ、幸せな結婚生活を続けるためにも)妻の実家に行きたい！」に、「週末に仕事しなきゃ」は「(自分が選んだ会社でさらに出世するために）週末に仕事をしたい！」に変わります。

批判的思考のステップの一つに、「他の可能性を考える」がありましたね。こんな時はぜひ、やらなきゃいけないと思っていることをやらない「可能性」も考えてください。あらゆるオプションをブレインストーミングしてみましょう。もっといい道が見えてくるかもしれません。その場合はぜひ——批判的思考を駆使して精査したうえで——実施してください。

でも、ほとんどの場合はもともとやらなきゃいけないと思っていたことをそのままやることにするでしょう。それでも、なんでやっているのかがわかるだけで大きな推進力になります。自分の心の声を聴いて、「why」と訊いて、行動の意味を理解すれば、「自分は、自分の望みが叶《かな》うことをやっている」「自分で選んだ人生を歩んでいる」ということが確認できれば、やりたくなかったあれこれも「want to」に変えられるはずです。

「わかっちゃいるけど、理想と現実があってサ……」と、自然に「want to」に思考を切り替えられない人も、言葉だけでも「〇〇したい！」と言い換えてみましょう。やらされている感がなくなるだけでずいぶん気持ちが上向きになるので、おすすめの切り替え術です。

ついでに「can't」を「don't want to」、つまり「できない」を「したくない」に言い換えることも切り替えとしては有効です。これも自分の意思の問題としてとらえなおす、受動態から能動態に思考を変えるテクニックですが、その最高の例を、子どもと一緒に観ているアメリカの連ドラ『フレンズ』で発見しました。

ドラマの中で、フィービーという、天然ボケで正直者の女性がパーティーに誘われました。普通の人は乗り気じゃなければ、

"Oh, I wish I could go, but I can't."（残念！ 行けたらいいのに、行けないです）と、やんわりと断ります。

でも、フィービーは受け身な女じゃありません！ 彼女は、こう言います。

"Oh, I wish I could go, but I don't want to."（残念！ 行けたらいいのに、行きたくないです）

意思がはっきりしていてよい！（でも、相手は傷つくから、普段は頭の中だけで言い換えていいですよ）

さらに覚えておいてほしいのが、「but → and」の術。

たとえば、パーティーに誘われたとき、乗り気であるのに、仕事と重なっているとします（フィービーと違って）。「パーティーに行きたい〝けど〟、仕事がある」と言いがちでしょ？

このとき、「けど」を「そして」に換えてみてください。すると、「パーティーに行きたい。〝そして〟仕事がある」になりますよね。こうするだけで、不思議と「どうにか両立させてやる！」という気になりませんか？　仕事のアポイントがずらせないから、二次会から参加しようかな。それとも別日にパーティーを主催して同じメンバーを揃えようか。「けど」や「が」という「but」をなくすだけで、他の可能性がぐんと見えてくるんです。

考えてみたら僕は「and」中心に生きています。芸人 and 役者 and コメンテーター and 大学講師 and パパ and 夫 and 外国人生活者 and PTA卓球部員 and ふくいブランド大使 and 自己中に本を書く人 and……。自分自身、芸人をやっているからPTAができないとか、外国人生活者だからふくいブランド大使はできません、みたいに考えたことが一度もありませんでした。というよりむしろ、やりたいことを全部やりたい！　その代わりに一つも極めていないかもしれませんが、「一つに専念して極めたい」と思って、ほかを犠牲にするなら、それも僕の「したいこと」でしょう。

あの手この手でやりたいことを実現させればいいし、どこまでも欲張ればいい。言い換えればそれは、人生を充実させることにほかなりません。自分の本音を聴いて、できることを訊く。これで、もっともっと貪欲《どんよく》に人生を楽しめるようになるはずです！

子どもたちから教えてもらった僕の〝上昇志向〟バイアス

顔にマスクをつけている競走馬って見たことありますか？　よく見るとマスクの目のところは普通にくりぬかれているのではなく、3分の2くらいがプラスチックなどで覆われていて、馬の視界を遮るようになっています。

この特殊なマスクを遮眼革、英語ではブラインダーやブリンカーと呼ぶんですが、これを装着して視野を遮ることで、馬は自分の走る道だけに意識を集中することができるそうです。

そして最近、自分も馬のようにブリンカーをして生きてきたことを子どもの言動から思い知らされました。口酸っぱく批判的思考を持てだの、バイアスを外せだのと言っている僕なのに……です。

ブリンカーに気づいたきっかけは、競争にあまり興味がない我が子の性格からでした。この前もピアノのコンクールがあったんですが、たいして練習もしないまま本番に臨んでいた我が子たち。結果はもちろん、ふつう。でも彼らに悔しがっている様子はありません。

学校でミュージカルを演《や》るとなったときも、子どもたちは主役をとろうと欲張ったりせず、だいたい「村人その三」になる。一番最近の出演作品は『オズの魔法使い』ですが、息子は「犬のトト」……の代役。

一方、その父親である僕は子どもの頃からの超・ウルトラ・ハイパー負けず嫌い。周りの人が自分と競争しないときなんか、「ハハ〜ン、俺に負けると思って最初から戦いをあきらめてるな」と思い込んでいたほど（痛い……）。なんにでも勝ち負けをつけたいし、戦いに勝つ自信にあふれていました。で、負けると大泣きをする。

だから僕はミュージカルがあれば絶対に主役を演りたいし、コンクールや試合、トーナメントなど、勝負のかかったイベントならそのトップに立たなければ気がすまない。高校1年生のときは1学年400人中、4人の優秀なアスリートしかもらえなかった「レタージャケット（学校公認のスタジャン）」を飛び込み競技の成績で獲得しました。そのジャケットは僕のステータスで、誇りでしたから、大学に入るまでほとんど毎日着ていました。

成長期なので最後はだいぶツンツルテンでしたけどね（そして大学で盗まれた）。

そんな競争心の塊のような僕のＤＮＡを半分持っている子どもたちが、「勝ち」を求めないことがしばらく理解できず、ピアノやミュージカルの練習を死ぬ気でやらない彼らに腹を立てていたんです。実際、怒ったりもしていました。

でも、彼らはミスをしながらも舞台でピアノを弾くことを楽しんでいました。与えられた役が端役であろうとも、友人と一緒にミュージカルを作り上げる喜びを見出《みいだ》していました。そのとき、「あれ？　もしかして間違ってたのは俺の方……？」という気持ちがムクムクと湧いてきたんです。

勝つこと、目立つこと、人の上に立つこと――そんなことが人生の価値だと思って生きてきたけれど、それが僕の〝ブリンカー〟になっていたことに気づいた瞬間でした。

完璧《かんぺき》な演奏を目指す以外にも、ピアノにはもっといろんな楽しみ方があるかもしれない。ミュージカルを作る喜びは、主役を演じる以外にもあるかもしれない。常にトップを目指してきた僕としては、いまだに理解できにくい部分があるのは確かです。でも、子どもと僕は違う人間。彼らに僕の価値観を押し付けてはいけないということだけははっきりとわかりました。

提案の「How about」、会議で重宝されるぶっ飛んだ「Why not」

親子ですら異なるように、価値観がまったく同じ人間はいません。それでも我々は毎日、異なるものさしを持った者同士、机を並べて仕事し、話し合い、ベストな答えを見つける努力をしています。

異文化コミュニケーションではその違いがさらに顕著になります。婚前交渉が禁止されている国の人が日本のセックス事情を知って、「なんてみだらなの!?」と人格否定してきたら困りますよね。逆に我々がアルコールを飲まない宗派の人のことを「ノリの悪いヤツ」と片付けるのもおかしな話です。

他人の価値観はなかなか変えられないし、ジャッジすることも難しいです。もちろん、人権問題などで国同士、異文化同士でお互いに口を出させてもらうことはあり、それが改善につながることも多々あります。アメリカの奴隷制度や南アフリカのアパルトヘイト制度の廃止の背景には、外国からの圧力が関わっているし、日本が最近目指すダイバーシティや「女性が輝く社会」は完全に独自に思いついたものではありません。

でも、普段は個人レベルで批判したり拒否したりするのではなく、相手の価値観を聞き入れ、それに基づいて話を進める方が圧倒的に有効なコミュニケーション・スタイルです。

交渉術のバイブル的な一冊『ハーバード流交渉術』（ロジャー・フィッシャー、ウィリアム・ユーリー著／三笠書房刊）では、交渉のキモを〝ポジション〟でなく〝道理〟にある、と説いています。これもある意味、価値観につながる話です。

たとえば八百屋さんと、野菜を仕入れに来たイタリア料理店が交渉するとしましょう。ポジション第一に交渉するとこうなります。

八百屋「トマト1箱1000円でどうですか」
伊料理「いや、500円」
八百屋「それはさすがに無理なんで、800円ではどうですか」
伊料理「なら600円！」……

普通でしょ？　交渉を考えるときには、だいたいこのような発想になります。ワールドカップで盛り上がったラグビーのスクラムみたいに、お互いに押し合う。ウィン・ルーズ

（勝ち・負け）で結果を考えるから、譲った分だけ損すると思ってしまうんです。だからたとえ合意できたとしても、お互いに不満が残りがちです。

一方、〝道理〟で交渉するとはどういうことでしょうか。

八百屋「ボンジョルノ！　トマト1箱1000円でどうですか？」

伊料理「マンマミア！　なんとおいしそうなトマト！　でも、僕は予算が限られています。しかし、少し安くできるなら、たくさん買いますよ」

八百屋「それはありがたいね。じゃあ、1箱800円にします！　何か作るんですか？」

伊料理「はい。マルゲリータのソースを」

八百屋「ブラボ！　それなら、いいのがある！　少し熟しすぎて、傷も多少あるから店頭においていないけど、甘くておいしいし。これなら500円でいいですよ」

伊料理「素晴らしい！　グラッチェ、プリンチペッサ！」

まず謝ります。突然会話のノリがよくなり、『ライフ・イズ・ビューティフル』仕込みの拙《つたな》いイタリア語で失礼しました！

でも、わかりますよね。イタリアンのシェフは、おいしいソースが作れる甘いトマトを破格の値段で入手でき、八百屋さんは一般のお客さんには売れない見た目の悪いトマトを買ってもらうことができたんです。お互いに「価値」を感じるところが満たされ、文字通りのウィン・ウィン。

〝道理〟で交渉するということは、互いの希望や価値観を知ったうえで話し合うことにほかなりません。ポジション交渉だと、パイの奪い合いになるだけですが、道理で交渉をすれば、お互いの希望を叶えるように協力しあってパイが大きくなるのです。道理や価値観を互いに聞き合うことこそ、交渉にもっとも「効く」方法でしょう。

そこでここでは、特に交渉や会議のときに役立つ三つのマジックフレーズをご紹介したいと思います。

まずは、提案の「how about」。簡単に言うと「こんなのはどう?」という意味ですね。「そちらが大切にしたいところはここですね。我々が第一に考えているのはこの点です」と、まずは価値観の違いを明らかにし、折衷案を探すことが交渉のスタート地点になります。ここでも「聞・聴・訊」の〝3きく〟姿勢が基本。もちろん、相手にもこれができたほうがいいので、交渉開始前にこの本を1冊渡すと話が早いです。

その上で、「how about」を使って提案をしてみましょう。

たとえば土曜の夜の過ごし方。友人に「映画を観に行こう」と誘われたけど、「黙って映画を観るより話しながら一緒に過ごしたいな〜」と思ったら、その気持ちをまず友人に伝えましょう。次が「how about」の出番。「ダイニングバーなんてどう?」と。でも友人の反応は鈍い。そうしたらなぜ「why」を訊きましょう。「もっとエンタメ感のあるものがいい」という。ならば、「クラブのイベントは?」「ショーパブは?」と、提案しながら自分と相手との中間点を探っていくのです。

皆さんも仕事の場面などで、自然と「how about」を使っているのではないでしょうか。大事なのは、希望を聞いて、柔軟に考えて答えること。

さらに「how about」のひねり技が、「why not」です。「〜しちゃだめかな?」とか「〜したらどう?」という意味でこれも同じ提案ですが、「how about」よりぶっ飛んでる感じで、壁をぶち破る効果があります。

たとえば本の表紙を決める会議が行われているとしましょう。斬新《ざんしん》な案がなかなか出てきません。そんなとき、「why not」を使ってブレインストーミングしてみるんです。

「そもそも、表紙ってなくちゃだめですかね？」

「いいね。表紙のない本って見たことないね！　じゃ、透明ではどうかな？」

「じゃあいっそ、キャンペーンだけでも、食べられる表紙にしちゃったら？」

　こんなふうに、一見とんでもないような提案をできるのが「why not」です。とはいえ、まだエトス（皆さん覚えてますか！）の低い、信頼や実績のない新入社員の人はなかなかぶっ飛んだ意見は言いにくいかもしれません。そんなときは正直に、「とんでもない案、出してもいいですか？」と言っちゃいましょう。すると周りも「おっ、なんだなんだ」と興味を持つし、ブレスト的な発言をすることが伝わるので、突飛なアイデアを言いやすくなります。行き詰まりがちな会議の場で上手に「why not」が繰り出せると、とても重宝されますよ。

　僕が好きな論理パズルの本があるんですけど、そのタイトルは『What Is the Name of This Book?』。つまり、『この本の名前は何ですか』。もしかすると『何』だけが本の名前の可能性もありますね。

　ひと目見て「うわ、めっちゃおもしろいな！」と惹《ひ》かれて買ってしまったんですけど、この本だって、最初の会議では『世界最強のロジックパズル５００』みたいなタイトルだったと思うんです。でもそこから何度も話し合いを重ねる中で、きっと誰かが「もうわかんなくなっちゃったから『この本の名前は何ですか』でいいんじゃね？」と言いだしたのをみんなおもしろがって、最終的にこの名前になったんじゃないかなって思うんです。

だから会議の場での提案はどんなものであれ、否定しないことが鉄則。

「表紙を逆さにつけたらどうですか？」

「折り紙の表紙なんていいんじゃない？」

コスト的にありえないと瞬時にわかることでも、気にせずどんどん案を出す。それが「why not」と「how about」の楽しい作業でもあるんです。

このときのあなたは、レールの上を走る列車ではなく、右にも左にも曲がれる四駆。なんなら飛ぶこともできるし、水だって怖くない。そんなオールマイティで最強な乗り物に乗っているつもりで、固定観念という名の交通ルールを破ってガンガン提案してみましょう！

念のために言いますが、比喩《ひゆ》表現ですよ。運転するときはちゃんと規則を守らなきゃいけない、もとい、（警察につかまったり、死んだりしないために）守りたいです！

批判的思考を持って、案のデメリットを考えたり、弱点を見つけ出して精査する作業は次の過程でやればいいことです。会議や交渉の場をもっと軽く考えていっぱい案を出すことで可能性を増やしましょう。競走馬は速く走るけど、結局は操られたまま、決まったコースでぐるぐるしているだけ。「how about」と「why not」で互いのブリンカーを外してみませんか？

みんなが行き詰まっているときに、「そこは行き止まりじゃないよ。この道は右にも左にも曲がれるし、なんなら戻って迂回《うかい》してもいいんだよ」と提案する。そんな発想ができる人が、結局は目的地にたどり着けるはず。……というより「目的地」とは、「この道以外の行き方（生き方）もある」ということを常に人生の中で頭に入れておくことなのかもしれません。

〝「死ぬ」よりはまし〟思考法

先ほど紹介した交渉術のバイブル『ハーバード流交渉術』の中に、「best alternative to a negotiated agreement」というキーワードが出てきます。経営学を学んでいる方は「BATNA（バトナ）」という略語で使っているかもしれませんね。ちょっと長いですが、日本語に訳すと「交渉が決裂したときの、合意以外のベストな解決策」といった感じでしょうか。

当たり前ですが、交渉は常に合意できるとは限らないので、物別れに終わる場合もあります。ではそうなったとき、互いが一番納得できる着地点とは何でしょうか。

たとえばあなたが私大への進学を希望し、両親に学費を払ってほしいと思っていたとします。今日、お父さんお母さんとその交渉をしたけれど、「甘えるな。学費は一切払いません」と言われてしまいました。じゃ、半分だけでも……というポジション交渉もうまくいかないし、道理を使った交渉をしようとして、お父さんにとって大事なことを訊いても「学費を払わないこと」としか言わないとしましょう。

交渉は決裂したので、それ以外の選択肢を考えなくてはいけませんが、かといって大学に行くことをあきらめる必要はありません。すぐに浮かぶのは、働くこと。働いてお金を貯めて、大学に行くことができるかもしれませんね。最近は、社会人入学も多い。働いていれば親もすぐに実家から出て行けとは言わないかもしれません。そうすれば家賃を節約しながら効率的に貯金できそうです。訊いてみよう。または、お金を借りることも考えられます。学費を出してくれないパパでも連帯保証人にはなってくれるかもしれません。訊いてみよう。

親の協力がまったく得られないときはどうする？ 学費の安い地方の大学の近くに住む親戚《しんせき》の家に居候させてもらいながら、アルバイトをしながら大学へ行く？ 一流大学で清掃員の仕事をしながら、夜に黒板に残された数学の授業の難問を解いたりして、教授にスカウトされる？ 『グッド・ウィル・ハンティング』でマット・デイモンができるなら不可能ではないでしょう！

何事にも、「それ以外」の選択肢が必ずあるはずです。ですから交渉の前には合意できない場合に備え、あらかじめ代替案を頭の中に入れておくといいでしょう。BATNAがあると思えば、現実的で強気な交渉ができますし、相手の言いなりにならなくてすむ。対等に交渉するためにも、代替案を常に考えておきましょう。

ちょっとカゲキですが、究極の代替案は「死ぬ」です。そんな話をネタにしている芸人がアメリカにいます。ルイ・C・Kという、冠番組や複数の単独2時間スペシャル番組を送り出している超有名なコメディアンです（さらに、#MeToo 運動の中でセクハラ疑惑が発覚しもっと有名になりました）。彼の考え方を説明しましょう。

たとえば免許の更新って面倒ですよね。そんなとき彼は、「陸運局まで行きたくないから、ま、自殺すっか」って言うんです。または、「確定申告めんどくせーから、自殺すっか」「月曜の仕事嫌だから、自殺すっか」とか。「何？　明日健康診断を受けなきゃいけないって？　そんなことないよ。自殺すれば受けずに済むじゃん！」など、とにかく嫌なことはなんでも「自殺する」で免れるという、ブラックジョークです。

もちろん、自殺を推進しているわけではありません。未遂もやめてください。でも、前に書いた通り、極端に膨らませることがヒントになることもあります。BATNA（最高の代替案）が自殺（最悪）だったら、それに比較すればなんでもよく見える気がします。冗談だけでも、死ぬことまで視野を広げれば、凝視していた日常の苦労からズームアウトして、全体像が見えるのではないでしょうか。

そのうえで、「私は、面倒くさい免許更新も含めて、今日も生きることにします！」と受動態から能動態に気持ちを切り替える、いわば自分を解放する一種の術《すべ》ですよね。こんなにカゲキでなくてもいいですが、強気でいられる、気が楽になれる、そんな代替案を持っておくことも、自分の人生に〝効く〟やり方ではないでしょうか。

僕が漫才師としてなんとかやってこられたのは、相方マックンのアドバイスを聞いたおかげという話を第1章でしました。まさに「聞いた」ことで人生に「効いた」出来事だったんですが、今でもコンビ間で「聞き合う」ことを大事にしています。

特に僕は漫才に関してマックンから「こうしたほうがいいんじゃない？」という提案があると、「そうかなあ？」と疑問に思うことでも、とりあえず聞いて取り入れるようにしています。そしてすぐに舞台で試します。もしダメだったら元に戻すか二人で代替案を考えればいいだけだし、1回の舞台で失敗したくらいではなんてことはありません（クイズ番組で失敗すると3か月ぐらい悔しさが消えませんけどね）。

と、ちょっと話がそれましたけど、そんな代替案を考える手助けになるのが、疑問形で始まる最後のマジックフレーズ「what if」です。「what if」は「もしも〜だったらどうする？」という仮定の話をしようよという意味です。

「もし大学に合格しなかったらどうする？」
「もし空を飛べたら今どこに行く？」
「もしも今独身に戻ったら、また同じ人と結婚する？」
「もしも子どもに戻れたら、また同じ人生を歩みたい？」

こんなふうに想像を膨らませて自分や相手に問いかけてみる。するとまたここでもブリンカーの存在に気づくかもしれません。

「子どもの頃に俺がしたかったことってこんなことじゃなかった」とか、「全然望んでいない目的地に進んでいるのに、こんな苦労してるなんてバカみたい」と気づいて、楽になるかもしれません。自分に訊くことで、本来の目的や本当の自分が見え、初心に戻ったり、軌道修正したりするきっかけにもなるし、「こうなってよかった」と感謝するきっかけにもなるでしょう。

パックンマックンでは、全国各地でお金に関する講演会もやっていますが、お客さん同士の自己紹介のあと、「what if」の質問に答えてもらうようにしています。それが「もし宝くじで1億円当たったらなにに使う？」という質問。

そうするといろんな答えが返ってきます。貯金！　住宅建設！　世界一周の旅！　借金返済！　パチンコ！　などなど、極端な例から大事にするものが見えるんです。ちなみに、僕はだいたい「恵まれない子どものために寄付する」と言って、好感度を上げようとします。

知り合いのファイナンシャルプランナーもこの質問をよく使うといいます。たとえば、その人のもとにはたびたび結婚前の女性が相談に来るそうなんですが、パートナーに貯金額を訊けない人が多いらしく、そんなときにアドバイスするのがこの「what if」の質問です。答えによって、希望するライフスタイルや夢がわかるので、それを分かち合える人かどうかを考えるきっかけにもなるそうです。たしかに、1億円で「世界のロックフェスを巡りたい！」という人と「風呂《ふろ》場で見つけたカタツムリのコレクションに充てたい！」という人の組み合わせがうまくいくかは、疑わしいかもしれません。

使い方によっては自分や相手を深く知ることも可能な「what if」、ぜひ覚えておいてください。

知らぬ間に売り込まれている「感情的投資」

宝くじもそうですが、「what if」には夢を膨らませる力があります。でも、場合によっては、そんな浮ついた気分も少し気をつけないといけません。僕が最近そう感じたのは、ある金融会社からのニュースレターを見ていたときです。

それはレターというよりブックといったほうが正しいくらい厚みのあるもので、50ページ近くあったでしょうか。ゆっくりとページをめくっていくと色々な「夢」を見せられます。ラグジュアリーな生活をしている老夫婦のインタビューや、高級車で海沿いをドライブするリッチな雰囲気の男性の写真などが延々と続きました。美しい景色と暮らしぶりをうっとりと眺め続けていると、あっという間に時間が経ちます。そうして最後の数ページになると、金融商品のセールス文が掲載されていました。「もしもあなたがお金持ちだったら……」という誘導から「これでなれるよ」という売り込みへ、す〜っと気持ちを持っていかれました。その瞬間、僕はどこからお金を捻出《ねんしゅつ》したらこの金融商品を買えるかなと、計算していたんです。

「洗濯終わったから干しておいてくれる？」という、妻の声でハッと我に返りましたが、もう少しで、僕が受取人でマックンに生命保険をかけたりしたかもしれません。

この衝動は、「Emotional investment」、日本語では「感情的投資」と呼ばれるものの働きもあったと思われます。僕は何十分も時間を使って何十ページもの本を読み、金融商品がもたらす素敵な暮らしへの気持ちを知らず知らずのうちに高めていました。金融会社はニュースレターを通じ、僕の憧《あこが》れという感情、つまり「パトス」を揺さぶるストーリーを仕掛けていたのです。

また人は自分の時間や労力、思いを注ぎこんだものほど、愛着を持ちます。この金融会社はそれをよく理解していて、あえてすぐには読み終われない長大なストーリーを展開、時間をかけて読み込ませ、パトスに訴えかけていました。そして読者が時間も気力も使って本を読み、気分も高まっている最後のページで、満を持してどんっと自社商品の案内を載せていたのです。うまいなぁ～。おすすめの金融商品じゃなくても、それをおすすめしている会社に投資しようかと思ったぐらいです。この本の販売営業用に、分厚いニュースレターを作ろうかと思うほどです。

せっかく最後まで読んだし、考えたし、買わないともったいない。

または、遠いところまで足を運び、長いセールストークを聞いたし、手ぶらで帰りたくない。

こんな心理現象は「コンコルド効果」とも言われます。

イギリスとフランスが共同開発した夢の超音速旅客機「コンコルド」が語源です。素敵な飛行機ですが、開発費がバカ高くて、予算も超音速で飛んでいきました。途中で採算が取れないことがわかっても政府は「今やめたら、ここまでかけたお金がもったいない」という理由で開発を続けたのです。同じように、失敗に終わるとわかっていながら、物事への金銭的投資や労働力、時間の投資を捨てきれず、なかなか撤退できない心理のことを「コンコルド効果」と呼びます。

経済学者も言っていることですが、本当は過去の投資に執着せずに、これからの試算だけで続けるメリットがあるかどうか判断するべきです。これも批判的思考の一つでしょう。

このコンコルド効果を考えるときに僕が一番に思いだすのが、当時の彼女（今の奥さん）と大喧嘩《おおげんか》したときのことです。3年半も付き合って、同棲《どうせい》もしていましたが、その先のことは決まっていなかった時期に、何か些細《ささい》なことで喧嘩がはじまってしまいました。僕はまだ自分のバイアスにも気づいてなくて、相手の声に耳を傾ける姿勢ができていなかったんです。しかも、素直に質問して彼女の本意を引き出す術も持たなかった状態でした。つまり、「聞く」も「聴く」も「訊く」もできませんでした。

そのため、喧嘩の本当の原因であった、彼女の心の奥底にある不安に気づくことができませんでした。それに気づかせてもらったのは大喧嘩に発展したあと。彼女は「私たちっていったい何なの？」と大声で鋭い質問をしてきました。僕も頭に血が上っていて「どういうこと？　結婚の話？　だったら……結婚するか!!」と怒鳴ってプロポーズ。彼女も「じゃあ、してやるよ！」と同じ音量で答える。はい、喧嘩中に婚約成立！

まだまだ聞く力のない僕だったけど、大学で訓練も受けていて批判的思考は身についていました。そのため、その後は冷静に判断と選択肢を審査しました。結婚を遅らせるとか、別れてゼロから新しい恋愛を探すなどのBATNAも意識しながら、結婚はhave to「しなきゃいけないもの」ではなくwant to「したいもの」だとちゃんと確認する作業にとりかかりました。そのとき僕はコンコルド効果の可能性を真っ先に疑い「これまで付き合ってきた3年半が、これで全部パーになるのを恐れているのでは？」と自分に訊きました。すると、いや、それは失敗する前提のものであって、僕らは成功する見込みが十分あるから違う！　という答えが出ました。それで妻との愛の旅に飛び立つことにしました。そして15年後、コンコルドと違って、僕らの「けっこんこるど」はまだ飛び続けています。

素敵なニュースレターに惹かれたときも、怒られたときも、どんな状態でもパトスが急激に揺らいだり高まったりして感情的になったときほど、ひと呼吸して自分に「訊」いてみるようにしましょう。「感じて」判断するより「考えて」判断する。僕の場合は感じても考えても結論は一緒で、安心しました。

さあ、ふさがっている耳を開けよう

若いときは、僕はなかなか人の話を素直に聞くことができませんでした。マックンにも奥さんにもマネージャーにも耳をあまり傾けなかったけど、一番後悔しているのはお母さんに対する態度。特に高校の卒業アルバムを見るたび、なんでお母さんの言うことを聞かなかったんだろうと悔しく思います。

なぜかと言えば、アルバムに収まっている当時の僕の髪型は、横は刈り上げなのに前と後ろだけ極端に長い、どこからどう見ても〝馬〟なヘアスタイルだったからです。お母さんから「その髪型ヘンよ」と再三にわたって指摘を受けていましたが、言われれば言われるほど「絶対切んね〜〜」と意固地になっていました。バカバカ、俺のバカ……。

でも皆さんにも経験ありませんか？　どうしても欲しかったキャラものの学習机を、親の反対を押し切って買ってもらったけど、中学生になったらダサくて座りたくなくなってしまった、とかね。

僕は、一番大事にしている母の声は聞かないのに、友人や知り合いの言うことはすぐに聞き入れるクセがあったようです。考えてみれば、人生のターニングポイントは全部人の声を聞いたときに生まれたものです。

友人に「一緒に日本で英語を教える？」

英会話の生徒に「劇団に入らない？」

劇団員に「ラジオのＤＪをやってみない？」

ラジオのディレクターに「東京で芸能界に挑戦したら？」

芸能界の知り合いに「相方募集中の芸人がいるけど、お笑いに興味ない？」

池上彰さんに「東工大で教えてみる？」

池上さんの担当編集者に「本を書く？」

で、ここまで来ました。お笑いから池上さんまでの流れを略しましたが、その間に無数の助言、提案、オファーがあって今につながっていると思います。

相手に寄り添える「聴く」も、真実や正しい判断を見出すための「訊く」も欠かせないですが、結局全部、ふさがっている耳を開けて「聞く」ことからはじまります。たくさんの出会い、たくさんの話し合い、たくさんのトライ。これらを重ねながら、「効いた！」

と思えるまで、「聞・聴・訊」を駆使し、ききまくってください。

　そのプロセスのなかで、あなたの人生をもっとおもしろく、もっと豊かにするターニングポイントが生まれてくるはずです。

おわりに

「新学習指導要領」の導入により、２０２０年度から教育の現場が大きく変わろうとしています。第1章でも少し触れましたが、アクティブ・ラーニングが本格化し、今後は主体的に学ぶ姿勢が必要とされます。

そこで大事になるのが「考える力」と「調べる力」。

これからの時代、ほとんどの知識はグーグルに訊《き》けば一秒もかからずにその答えを教えてくれます。だから試験勉強のように知識や情報を詰め込んでも、将来にわたる財産としては、これまでの時代ほどは大きな価値を成しません（もちろん知識は大事ですよ！）。

でもその一方で、グーグルに「何を訊くか」は非常に重要です。というのも人工知能（ＡＩ）は質問されることは得意でも、質問することは不得意。つまり訊くことは（いまのところ）、人間の専門分野なんです。

この先、大学や企業が求める人材においても、ワードやエクセルのテクニックや公式をたくさん知っているかどうかではなく、「課題を見出《みいだ》せる人」であるかどうかが問われるでしょう。つまり、ミッションに対する問題点を進んで見つけ、自分なりに答えを探すような人です。

そのためには普段からいろんなことに興味を持ち、質問をぶつけ、問題について深く考えることが身についていなければなりません。それはすべて「聞・聴・訊く」ことから始まるんです。

怖いのは「〝わかったつもり〟と〝わかるはず〟」

「学ぶ」ことについて感じた最近の出来事を書かせてください。

2019年11月、38年ぶりにローマ教皇が来日しました。その中で、「日本に避難してきた人たちをもっと受け入れてあげてほしい」という「難民受け入れ」に対するローマ教皇の訴えがツイッター上で炎上、日本での炎上はワシントン・ポストなどに取り上げられるなど、世界的にも話題を呼びました。

「おまいう（お前が言うな）」「隗《かい》より始めよ」といった〝教皇バッシング〟がツイッター上で見受けられたんですが、その意味は、「じゃあ、言い出しっぺのカトリックの国が難民の受け入れをすればいーじゃん」ということでしょう。ネットニュースの見出しにちょうどいいロゴスの利いたつぶやきはリツイートされ、多くの人がシェアしていました（ちなみに「自分に近いところから改善」という意味を持つ「隗より始めよ」は、中国戦国時代、燕《えん》の王様が戦略家の郭隗《かくかい》に「どうすればうちの国にキレ者を採用できるかな」と尋ねたところ、「俺みたいな普通のヤツを雇って重役にすれば、自然と俺なんかよりもっとデキるヤツが集まってくるよ」とアドバイスされた話が元になっています）。

でもネット上では「難民問題」の議論は深まらず、ただ「いいね！」「ほんこれ（本当にこれ）」といった同意見の支持者が集うだけで終わったようにみえます。「おまいう」「隗より始めよ」といったキャッチーな言葉が議論を放棄させ、思考をも停止させるマジックワードのように思えてなりませんでした。

で、データ大好きで事実的な（覚えてますか！）僕は、難民問題について調べてみました。まずバチカンは少なくとも12人の難民を保護していました。バチカンは世界一小さな国。国民は1000人に満たないので、人口の1％に当たります。ではバチカンのある、カトリックの国のイタリアはどうでしょう。人口は日本の半分の約6000万人で、約19万人の難民を受け入れていました。さらにお隣のフランスは約37万人、スペインは約2万人と、カトリック教徒の多い国は「隗より始め」ているなと思えました。

そして日本。平成30年の統計では、難民認定を受けたのはわずか82人でした。

世界には今2700万人の難民がいると言われていますが、30年後には一億人が難民になるという試算もあります。しかもその原因は紛争ではなく、環境問題です。日本の全人口と同じ数の人たちが世界で難民になる可能性があり、しかもその原因が温暖化の場合であっても、日本の難民受け入れの姿勢は「82人」のままでいいのか。ちなみに、温暖化の原因とされている二酸化炭素の排出量でいうと、日本は世界5位。1位は中国ですが、中国に工場を持つ日本企業も多いですよね。

グーグル先生に30分訊いただけでここまでのことがわかったわけですが、この時点で、「おまいう」をリツイートしようと思いますか？　もちろん、この情報を踏まえたうえで難民受け入れ反対の主張はあると思いますが、一口に難民の受け入れと言っても、「隗より始めよ」だけで終わらせられる話ではないと思いました。

長くなってしまうのでこの話はここまでにします。でも、キャッチーなつぶやき一つでいつか考えなくてはいけない問題を先送りにしてしまうのは、あまりにもったいないと思った出来事でした。

防災標語に「怖いのは〝消したつもり〟と〝消えたはず〟」というものがありましたが、コミュニケーションにおいては、「〝わかったつもり〟と〝わかるはず〟」がもっとも怖いことなんです。

自分に「聞く」ことが社会全体に「効く」

勉強には、自分の勘違いや思い込みを正してくれる楽しさがあります。さらに「そうだったのか！」という発見が自分の可能性を広げ、分かち合える感情や人の幅もグンと広げてくれます。

たとえば日韓問題や日中問題を考えるとき、「もしかして、わかったつもりになってないかな」と自分の心に聞いてみてほしいんです。

実際、出演している討論番組で、ＣＭ中にオフレコで「あいつらは話しても通じる相手じゃない」と僕に耳打ちしてきた有識者の人がいました。でも「あいつらは〇〇だから」

と決めつけてシャットアウトしたって、地理的に近い国と国の問題。いつかは向き合わなければいけない時がくるでしょう。だったら今、考えて、調べて、分からないことがあれば訊けば一歩前に進むことができます。

それに、いくら「お前が言うなよ！」とツッコミたくなるような相手であったとしても、その人が言っていることまで間違っているかどうかは別の話。メッセンジャーとメッセージはいつでも切り離して考える必要があります。

アメリカでよく使われることわざに〝Even a broken clock is right twice a day.〟というものがあります。壊れて針が止まった時計でも1日に2回は正しい時刻を指しています。どんな嘘つきであっても、あるいは物知らずだと思われている人でも、その人が正しい情報を発しているかどうかは、常に審査してみなければわからないんです。

たしかに相手のことを一生懸命聴いたり、真実を追求するために質問することはとても骨の折れる作業です。「時間とお金に余裕があればとっくにやってるわ！」なんて声も聞こえてきそうです。

貧乏育ちだった僕はすっごくよくわかります。「丸一日休めたのって今年何回あったかな」とか、「今月の光熱費は大丈夫かな」という毎日を過ごしていると、相手のことを聞き入れる余裕がなくなることもあると思います。

経済的な心配だけではなく、家族、仕事、健康など、様々な要因でストレスが重なることもあるでしょう。そんな時には、「余裕のない自分」に寛大になってあげてください。そして「どうして私は今、人の話を聞く耳が持てないのか」と、自分の心に聞いてみましょう。自分を責めるとさらに余裕がなくなって追い詰められてしまいますから、自分を理解し、許してあげてください。

もっと言えば、お金や時間に余裕がないのは、多くの場合自分自身だけでなく社会にも原因があります。とすれば心の声を掘り下げていくことは、社会問題を解決する糸口にもつながっているはず。自分に「聞く」ことが社会全体に「効く」。それは決して難しいことでも珍しいことでもないんです。

「聞く」ことで新しい道が開ける

僕はチェスが好きで、よく寝るのも忘れてオンラインでチェスをしています。腕に自信はありますが、相手にするのは人間だけ。なぜならコンピューターには勝てないからです。

ＩＢＭの開発したスーパーコンピューター「ディープ・ブルー」が１９９７年にロシア人のチェス世界王者ガルリ・カスパロフを破って以降、どの人間もスーパーコンピューターに基本勝てなくなりました。

さらに直近では、人間の対戦パターンを学習し、さらに深く学んだ世界チャンピオンのチェスソフトである「ストックフィッシュ」が、グーグル傘下の会社により開発されたＡＩに敗北しました。しかもその新人ソフトの「アルファゼロ」は、戦略や過去の対戦データは搭載しておらず、教えたのはルールだけ。ＡＩのディープラーニングを生かし、無数の対戦をシミュレーションして勝手に自分で研究させるようプログラミングしたところ、独学でチェスをマスターし、チャンピオンを打ち負かしたんです。しかもそれはアルファゼロがチェスを学びだしてからたった4時間後のことでした！

おそるべき早さでＡＩの学習能力が向上している現代に生きるからこそ、「4きく」を重ねて今後を生き抜く力をつけてほしいと思います。そしてさらにその先に、できれば自分だけのオリジナルな「仕事」や「生き方」を見つけてほしいんです。

万有引力の法則を見つけたアイザック・ニュートンは、微分積分を研究したいがために、「微分積分学」というそれまでなかった専門分野を作ってしまったといいます（微分積分学の成立には数学者のゴットフリート・ライプニッツも大きく寄与しています）。

ちょっとした疑問や気になる問題があって、それを解決する方法が見当たらなかったとき。その問題を解決するためだけに、会社を興してもいいかもしれません。社内のプロジェクトにしてもいいかもしれません。どんなにニッチで狭いことでも、他の誰かも同じ悩みで困っていたり、似たことに興味を抱いているかもしれません。

自分が最初に始めたことなら、どんなことでもその分野のパイオニアになれます。日本初の外国人漫才師が保証するから間違いありません！

自分の心の声を聞いて、周りの人の声を聴いて、いろんなことを訊きまくる。そんな人生を豊かにする学びのきっかけに本書がなれば幸いです。

２０２０年２月　パトリック・ハーラン

パトリック・ハーラン
芸人・東京工業大学非常勤講師。1970年11月14日生まれ。コロラド州出身。93年ハーバード大学比較宗教学部卒業。同年来日。97年、吉田眞と「パックンマックン」を結成。「英語でしゃべらナイト」「爆笑オンエアバトル」で注目を集める。「AbemaPrime」でアンカー、「報道1930」でコメンテーターを務めるなど、報道番組にも多数出演。2012年10月より池上彰の推薦で東京工業大学非常勤講師に就任、コミュニケーションと国際関係についての講義も行っている。著書に『ツカむ！話術』『大統領の演説』（共に角川新書）など。

ハーバード流《りゅう》「聞《き》く」技術《ぎじゅつ》

パトリック・ハーラン

2020年 3 月 10 日　初版発行
2024年 2 月 10 日　再版発行

◆◇◇

発行者　山下直久
発　行　株式会社KADOKAWA
〒102-8177　東京都千代田区富士見2-13-3
電話　0570-002-301（ナビダイヤル）

編集協力　小泉なつみ
図版協力　舘山一大
装 丁 者　緒方修一（ラーフイン・ワークショップ）
ロゴデザイン　good design company
オビデザイン　Zapp!　白金正之
印 刷 所　株式会社KADOKAWA
製 本 所　株式会社KADOKAWA

角川新書
 ISBN978-4-04-082230-3 C0295